KINZAI バリュー叢書

ゼロからわかる

積立投資のススメ方

星野　泰平［著］

一般社団法人金融財政事情研究会

はじめに

昔、ある2人の男がいました。

2人は上司からアフリカで靴を売るプロジェクトのために、現地に視察に行く指示を受けました。

早速、2人は灼熱のアフリカに調査に行きました。すると驚きの事実がわかりました。現地の人はまったく靴を履いていなかったのです。みな、裸足で生活をしていました。それをみて、2人の男は上司に報告を出しました。

1人の男は上司にこう報告しました。「現地の人はだれも靴を履いていません。ですから、靴は売れないでしょう」

もう1人の男はこう報告しました。「現地の人はだれも靴を履いていません。ですから、靴はどんどん売れるでしょう」

この「アフリカで靴を売るセールスマン」は、同じ事象をみても、人によって解釈の仕方がまったく異なる例として、よく使われるエピソードです。

本書で解説する積立投資は、まだ日本人のたった3%程度しか実践していません（筆者推計)。アメリカでは世帯の約6割、イギリスでも勤労世帯の半数近くが実践しているにもかかわらず、日本ではほとんど使われていない投資方法です。

これをどうとらえるか。日本人に伝えるのはむずかしいとみるのか、日本人に伝えるチャンスとみるのか。

本書は後者と考える人のために書きました。

筆者が積立投資の研究を始めてから8年ほどが経ちました。最初は小さな証券会社の営業担当者として、少額ずつ取り組める積立投資に関心をもちました。

当時20代でしたが、自分と同じ世代でも取り組みやすい点、お客様が大事なお友達をよく紹介してくれた点、投資の話が嫌いな人たちも、積立投資の話には共感してくれた点……。まとまった金額の資産を一時期に購入する一括投資にはなかなかみられない特徴をもつ積立投資の魅力に少しずつ惹かれていきました。

そして、気づけば、寝食を忘れて研究に打ち込むようになり、そのおもしろさに取り憑かれていったのです。独立直後の２０１０年12月に『半値になっても儲かる「つみたて投資」』(講談社＋α新書)を執筆する機会に恵まれ、自分の研究成果の一部を世の中に伝える機会を得ました。

それから、全国で積立投資の講演や、銀行・証券会社・地方銀行・信用金庫・労働金庫・保険会社・運用会社など、金融機関の職員向けに積立投資の伝え方の研修、eラーニングの作成、動画の撮影、パンフレットなどツール作成の支援を行ってきました。本書はその過程で蓄積した経験知を解説したものです。

本書は次のような方々のお役に立つ内容です。まず、積立投資の説明や提案をする人です。金融機関の営業担当や窓口の担当者、保険の代理店や金融商品仲介業者、ファイナンシャルプランナー、確定拠出年金などで積立投資の投資教育を行う人たちです。

次に、金融機関の経営者層や企画・経営戦略・営業戦略・商品戦略の担当者、保険代理店の営業担当者。積立投資のマーケティングや営業戦略に加え、商品戦略も紹介します。

投資信託の積立投資を成約した場合の金融機関にとっての収益性は、一括投資に比べて見劣りがします。それでも今後長い取引が始まる資産形成層を獲得できれば、十分に価値はあると思います。また、積立投資を提案し、一定の収益を確保しながら資産形成層を開拓していくための商品戦略もあります。その成功事例（積立投資の顧客の約9割が40代以下）も本書のなかで紹介します。

ここ数年で公的年金に関するさまざまな問題が露呈し国民の老後に対する心配が高まる一方で、ＮＩＳＡの開始によって、「貯蓄から投資」への流れが再び勢いを増してきました。いずれも、積立投資にとって追い風です。機が熟したいまだからこそ、私がこれまで蓄積してきた積立投資の説明に関する経験知を共有したいという思いから、本書を執筆しました。

[鹿児島銀行]

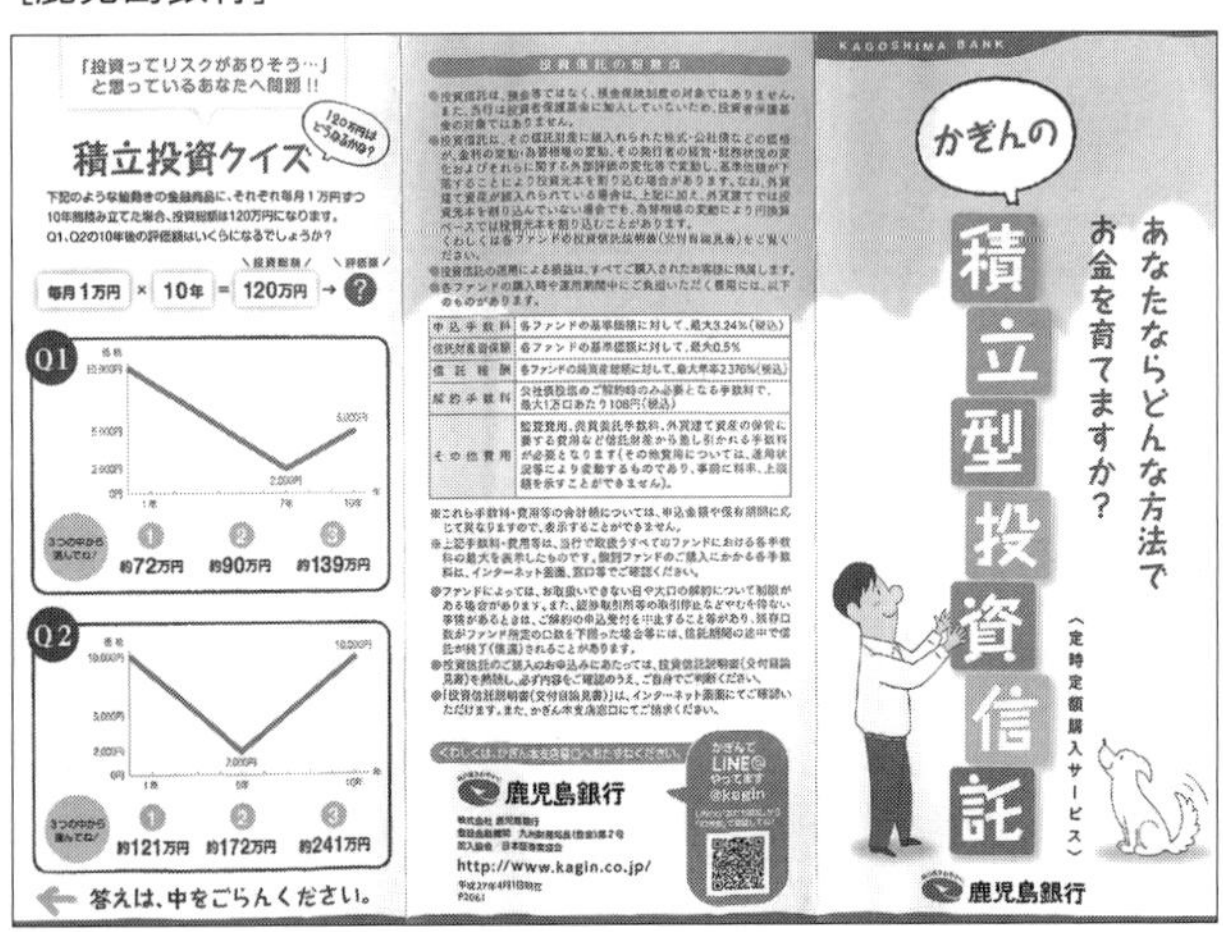

「投資ってリスクがありそう…」と思っているあなたへ問題！！
積立投資クイズ
120万円はどうなるかな？
毎月1万円 × 10年 = 120万円 → ?
Q1
3つの中から選んでね！
約72万円
約90万円
約139万円
Q2
3つの中から選んでね！
約121万円
約172万円
約241万円
答えは、中をごらんください。
鹿児島銀行
http://www.kagin.co.jp/
かぎんでLINE@やってます @kagin
KAGOSHIMA BANK
かぎんの
積立型投資信託
あなたならどんな方法でお金を育てますか？
（定時定額購入サービス）
鹿児島銀行

[大光銀行]

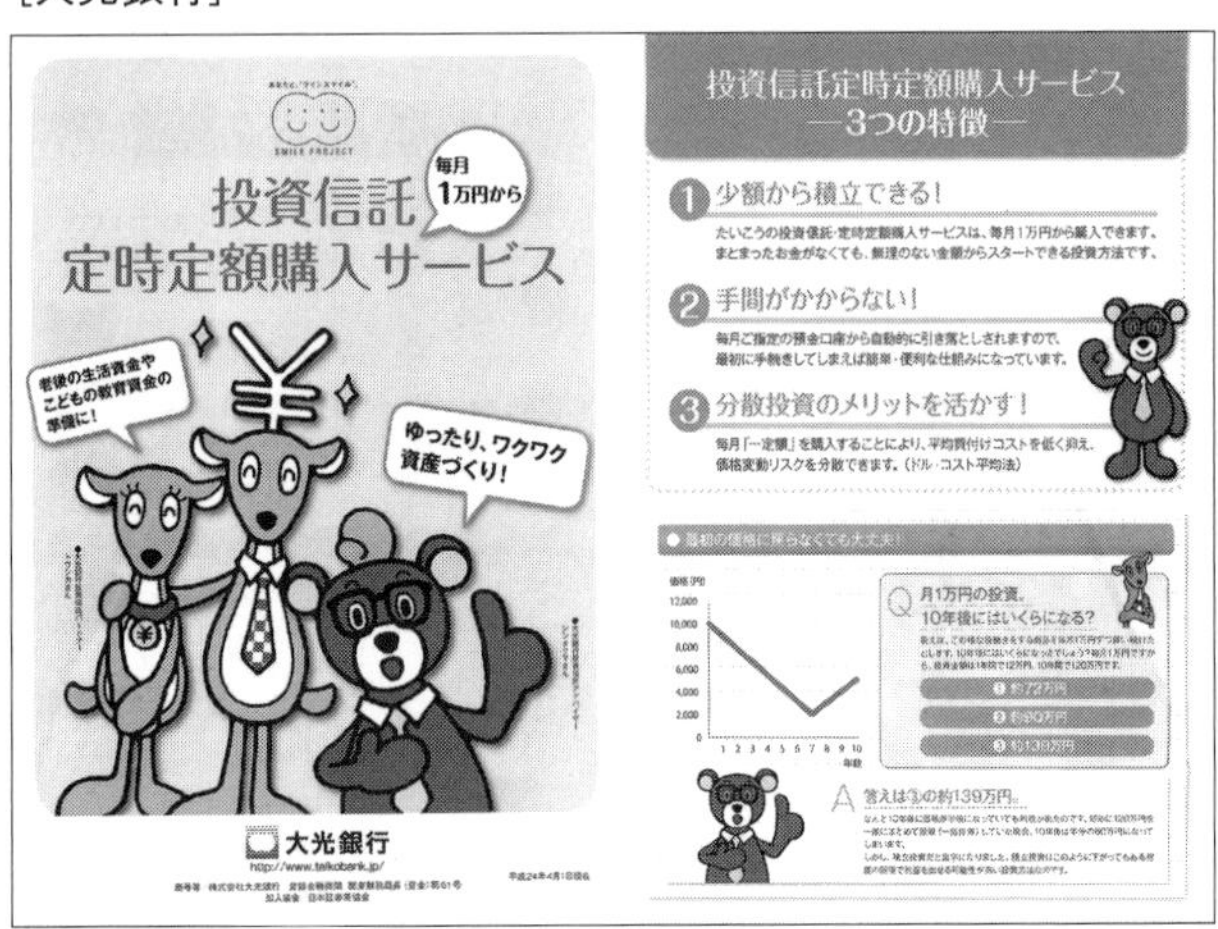

投資信託定時定額購入サービス
毎月1万円から
老後の生活資金やこどもの教育資金の準備に！
ゆったり、ワクワク資産づくり！
大光銀行
http://www.taikobank.jp/
投資信託定時定額購入サービス —3つの特徴—
1 少額から積立できる！
たいこうの投資信託・定時定額購入サービスは、毎月1万円から購入できます。まとまったお金がなくても、無理のない金額からスタートできる投資方法です。
2 手間がかからない！
毎月ご指定の預金口座から自動的に引き落としされますので、最初に手続きしてしまえば簡単・便利な仕組みになっています。
3 分散投資のメリットを活かす！
毎月「一定額」を購入することにより、平均買付けコストを低く抑え、価格変動リスクを分散できます。（ドル・コスト平均法）
Q 月1万円の投資。10年後にはいくらになる？
A 答えは③の約139万円。

筆者作成のグラフを使用したパンフレット例

[野村證券]

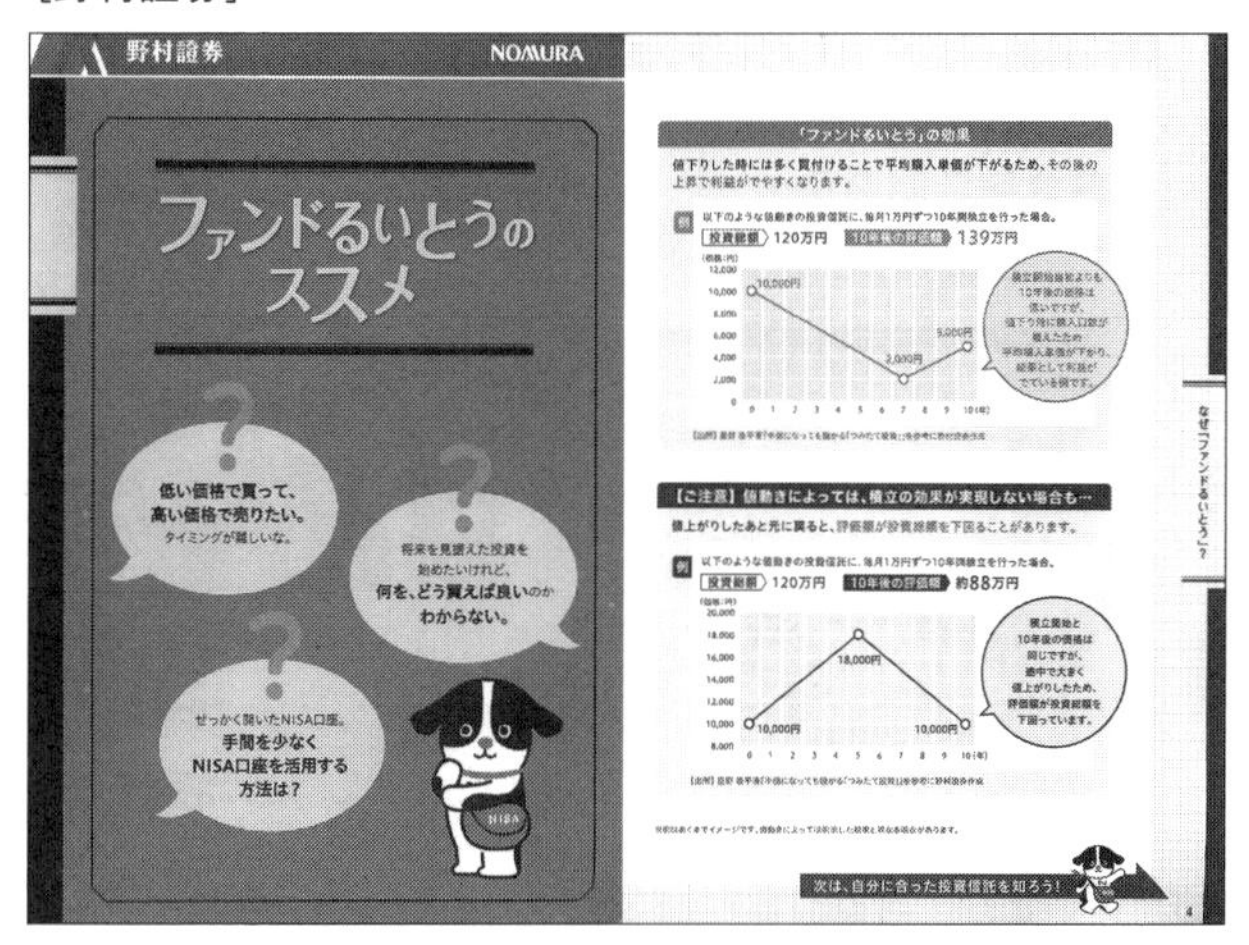

[三井住友銀行]

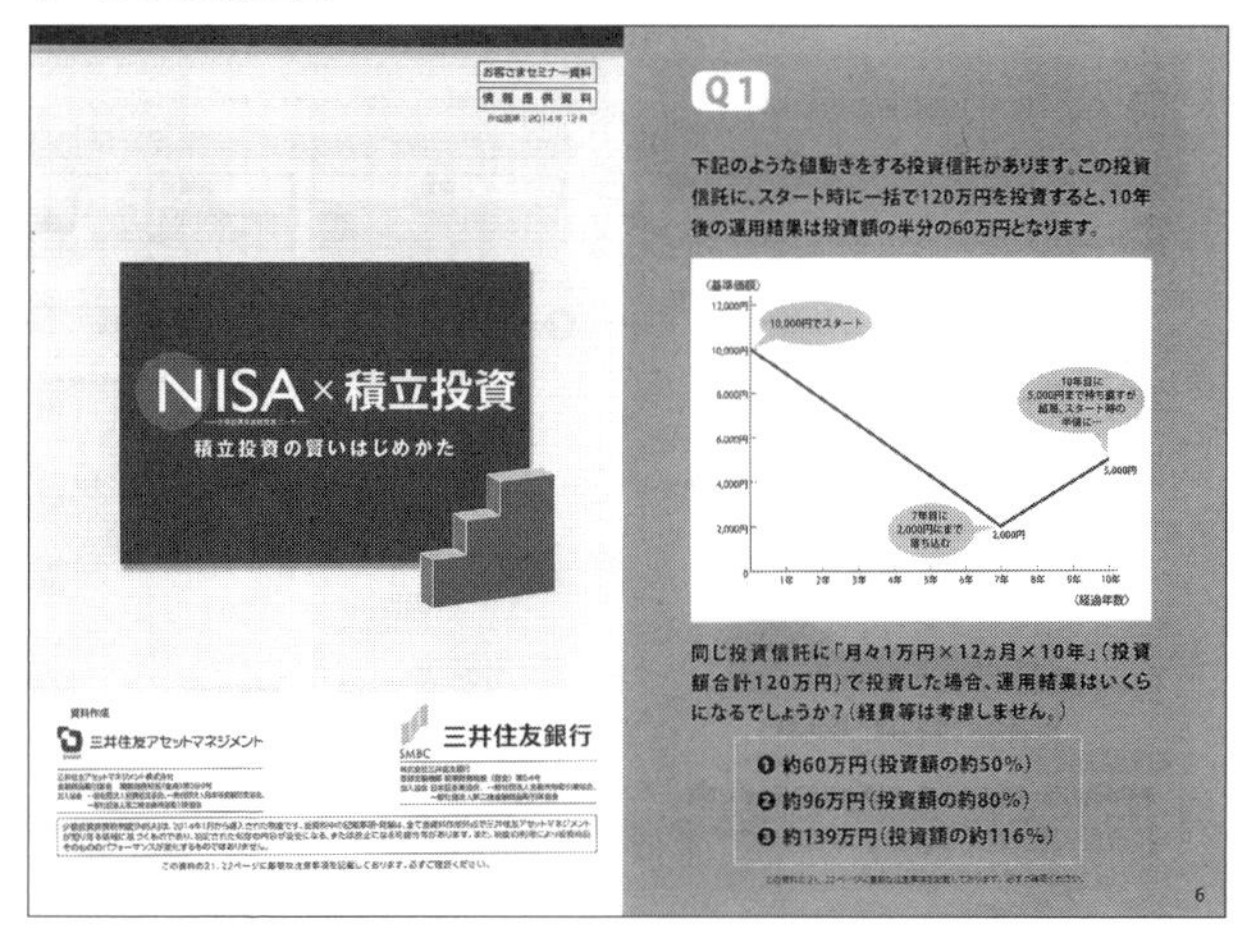

私の想いは、この積立投資を1人でも多くの方に知ってもらうことです。同じ志をもつ人と力をあわせることで、より大きなメッセージになります。そういう方を増やしたいし、増えると信じています。

本書を読んで説明のポイントを覚えたら、ぜひこれまでお世話になったお客様に積立投資を教えてあげてください。また、積立投資のセミナーを開いてみてください。その時に、これまでの提案では味わったことのないおもしろさを感じるはずです。私もその魅力にのめり込んだ1人だから自信をもっていえます。

そして、お客様やセミナーの参加者の方を「老後の資産不足」というリスクから、救うお手伝いをしましょう。その積重ねがお客様一人ひとりはもちろん、日本人全体の「老後の資金不足」という国家的リスクを撲滅していく、小さいながらも、大きな一歩になります。

目　次

第1章 積立投資を推進する6つのメリット

第2章 「値下がり安心」効果の説明方法

第5章 「値上がり」効果の説明方法

第6章 「タイミングフリー」効果の説明方法

第7章 積立投資の見直しのポイント

第8章 積立投資の特徴を生かした変額保険（平準払い）

付録　積立投資営業の応酬話法（FAQ）

第1章

積立投資を推進する6つのメリット

1 なぜ国は「自分年金づくり」を勧めるようになったのか

◆「100年安心」のはずが……

2014年のNISA開始に続き、2016年からは子どもNISAが始まり、数年以内には主婦・公務員の確定拠出年金への加入が解禁される予定です。

「自分年金づくり」を支える環境が整ってきているわけですが、それは裏を返せば、「自分年金づくりをしてください」という国からの強力なメッセージとも受け取れます。

思い起こせば、2000年に厚生年金の受給年齢が2013年度から2025年度にかけて60歳→65歳に引き上げられる法律改正がなされ、シニアライフの設計変更を余儀なくされた多くの日本人が衝撃を受けました。続いて、2004年に政府が「100年安心プラン」を発表し、「年金は100年先まで安心ですよ」というメッセージを発信し、年金不信を取り除こうとしました。

しかし、そのプランの前提になっている数値に、多くの研究者や専門家が楽観的すぎると異を唱え、さまざまなメディアも年金に関する特集を組み、国の見通しに批判を浴びせました。

実際、超低金利の時代に運用利回り3・2%、さらに5年後の2009年の財政検証における試算では4・1%に引き上げられるという非現実ぶりに、非難どころかあきれる声が次々とあがりました。

そして、100年安心プランの発表から10年後の2014年に行われた年金財政検証では、ついに厚生労働省もこれ以上取り繕うのはむずかしいと判断したのか、楽観的な見通しだけでなく、きわめて悲観的な見通しも発表されました。それは年金受給開始時（65歳）における年金額が現役世代の手取り収入の35％（これを「所得代替率」といいます）しか受け取れないというもので、100年安心プランが保障していた、所得代替率50％を大幅に下回るショッキングなシナリオでした。

つまり、この時を境に、いままでの「年金は絶対大丈夫」というトーンから、「かなり厳しいケースもあるかも」というトーンに変わり、そして、「自助努力で年金をつくってください」というメッセージが全面的に出始めるようになりました。

さらに、2014年秋に開かれた政府の社会保障制度改革推進会議では、65歳の受給開始年齢について、さらなる引上げの可能性について示唆され、物議を醸しました。男性の平均寿命は80歳ぐらいですので、年金をもらえる頃には寿命がほぼ尽きかけているという、笑うに笑えない冗談もささやかれました。

もちろん、政府はなんとか年金への信頼を取り戻そうと躍起です。納付率が下がり続けていた国民年金の納付率も60％台（２０１４年度63・１％）を回復しているとアピールしました。しかし、保険料納付の免除者や学生などの猶予者を増やして、納付すべき人数（分母）を減らすことによって、見せかけの納付率を高めただけで、実質的な納付率は約40％にすぎないのが実態といわれています。

こうした騒ぎを目の当たりにした国民の年金に対する信頼が大きく揺らいでいることは間違いありません。特に、20代から30代など比較的若い資産形成層にとっては、自分で老後の資産を準備しなければという意識が、かつてないほど高まっています。

年金を支える15歳から64歳の人口は２００５年時に８４０９万人だったのが、２０５５年には４５９５万人まで約45％減となります。逆に年金を受け取る65歳以上の人口は増え続け、２００５年に２５６７万人だったのが、２０５５年には３６４６万人と約40％も増えます。

その結果、２００５年に46兆円だった年金の支給額は、２０２５年には65兆円にふくれ上がり、その後も爆発的に増え続けます。

そうなると、年金制度を維持するには、支給開始年齢の引上げか支給金額の引下げ、あるいはその両方が必要になり、いずれにせよ現役世代の負担の増加は避けられません。

◆国民を襲う「老後の資金不足」不安

この問題は年金だけでなく、医療や介護も同じです。年金などをはじめとするいまの社会保障制度は、1960年代に基礎がつくられたものですが、半世紀が経ったいま、さまざまなひずみが出てきています。国民皆保険・皆年金が始まった1961年当時は100人中、65歳以上のお年寄りは5・8人しかいませんでしたが、2010年には23人に増えています。さらに先ほど2055年にはお年寄りの数は3646万人に達すると述べましたが、これは日本人100人当り40人まで増えることを意味します。年金資産は運用によって増え続ける一方で、将来の高齢化のリスクを過小評価した年金設計の甘さがここ数年で一気に露呈してきたのです。

戦後、日本が高度経済成長する過程で、一家の大黒柱に万が一のことがあった場合のリスクを自己責任でカバーする仕組みとして、生命保険が一気に広がりました。いまや生命保険の普及率は世帯の9割近くに達し、現役期間の死亡によるリスクについてはある程度ヘッジすることができました。

しかし、21世紀に入ったあたりから、今度は「老後の資金不足」というリスクが一気に顕在化してきました。現役時代の死亡リスクは、それこそ万に一つのリスクです。しかし、「老後の資金不足」という爆弾は、生きている限り、ほとんどの人が抱えることになる、万に9999のリスクなのです。

この想像するだに暗い将来に向けて、金融業界は社会からどういう行動が求められるでしょうか。この「老後の資金不足」というリスクの撲滅こそ、金融業界にとっての新しい社会的使命なのです。

2 積立投資を推進するメリット

本書でこれから解説する積立投資は、「老後の資金不足」リスクを軽減するうえできわめて有効な手法です。

金融ビジネスにとっても、積立投資をきっかけにした新しい顧客層の開拓には、ビッグチャンスが待っています。

この節では、金融機関やFPの方々が、これから積立投資を推進していくメリットについて解説します。

積立投資の推進は、20代から30代などの資産形成層を効率よく開拓する強力なきっかけになります。積立投資をいま、推進する主なメリットとして、次の6つがあります。

◆紹介営業がしやすい

◆職域営業がしやすい
◆相場の下落時に販売が伸びる
◆収益化が可能
◆大口の提案が可能
◆一時金の一括投資への展開が可能
です。
それでは順番に説明していきましょう。

◆紹介営業がしやすい

積立投資は顧客紹介を得られる可能性が非常に大きいのが特徴です。会社の経営者や上司から部下へ、親から子どもへ、お客様から友達へと、紹介による営業がびっくりするほど広がります。具体的なポイントについては、後の章で解説しますが、これほど紹介が得られる金融サービスはほかにないでしょう。

なぜ、積立投資は紹介を得られやすいのかというと、理由は2つあります。1つは「将来もらえる年金は減る」という社会的な合意ができていること、2点目は積立投資の特性です。

前節で公的年金に対する不信が高まっていると述べましたが、実際のところいまの日本人（特に若い人たち）で、将来もらえる年金がいまより増えると考えている人はほとんどいないでしょう。多くの人が「年金は減る」と考えています。

「積立投資は、この社会的な課題を解決するために必要」というメッセージは強い訴求力をもちます。「年金が減る問題」「老後の資産不足のリスク」というだれもが不安に感じている課題を解決する手段として、積立投資は非常にわかりやすいからです。

この「わかりやすさ」はとても重要です。紹介する側も受ける側もどんな問題に役に立つかが簡単に理解できるからです。

また、積立投資や自分年金づくりを紹介する場合、個別商品ではなく、その考え方を紹介することになります。うさんくさい商品を売りつける「○○商法の手先か」といった誤解を受けるおそれはまったくありません。逆に「よいことを教えてあげた」とやりがいを感じやすいのです。

このように、「年金不安撲滅」という旗印をかかげ、お客様と考え方を共有して、同じ方向で動けるのが積立投資の大きな魅力です。

筆者の経験では、積立投資には、一定の確率で強烈なファン（信者）ができます。その一部のお客様が、まるで紹介マシーンのように、積立投資を知合いの方に、どんどん広めてくれます。公的年金制度の将来に不安を抱く人にとって、この自分年金づくりの話は共感を呼び、特にその人が世話好きの方なら、知合いに紹介しがいのある話であり、話すのが楽しい話題になるのです。

積立投資が紹介を得られやすい理由の2点目はその特性にあります。それは、「値段が下がるほどメリットがある」「投資を始めてから下がるほどチャンスになる」という、従来の投資のイメージと異なる特性です。

ほとんどの人は「投資は値下がりすると損をする」という思い込みをもっていますが、積立投資はその思い込みをいい意味で打ち砕いてくれます。実際に積立投資をして下落すると、どのようなメリットがあるのかは、次の章の「値下がり安心」効果で解説していますので、そちらをお読みください。

人は自分のこれまでのイメージと、真相がまったく異なることを知った時、他人に教えたくなります。

たとえば、「痩せたければ、ケーキをたくさん食べるとよい」という本があったとします。普通、ケーキは糖分も脂肪分も多くダイエットの敵とみなされています。もしケーキが大好きなんだけど、痩せたいから我慢という人は、そんなタイトルの本をみたら飛びつきたくなるはずです。そして、実際に読んでみて、根拠もしっかりしていて、本当にケーキをたくさん食べて痩せられそうなら、人に教えたくなるというものです。「Aだと思っていたのに実はBだった」という話は、人が口コミをしたくなる内容なのです。

積立投資ではそれが起こります。投資は買った金融資産が値下がりすると必ず損をすると思っている人、それが高じて、投資は下がったら損をするからこわいと思い込んでいる人ほど、第2章で解説する積立投資の特徴である「値下がり安心」効果を知ると、口コミでお友達に話をしてくれます。

私も多くのお客様を積立投資を通じてご紹介いただきました。ある女性のお客様は積立投資のことを別名の「ドルコスト平均法」と覚えようとしていたのですが、どこかで誤って「コストドル平均法」と覚えてしまいました。何度私が訂正しても、「コストドル平均法」と呼ぶ方でした。

その方は、マーケットが値下がりする度に、「私のやってる『コストドル平均法』なら、いまがチャンスなんやで！」とお友達に紹介してくれるのです。それを嬉々として私に自慢げに話してくれます。積立投資はこういうひとたびファンになったら、どんどん口コミをしてくれる興味深い投資方法なのです。

積立投資にはほかの投資商品にはない「紹介しやすい」という特徴があります。これを提案に最大限活用しない手はありません。

◆職域営業がしやすい

積立投資は職域での勉強会開催など、職域営業との相性も抜群です。私は全国の銀行や信金、

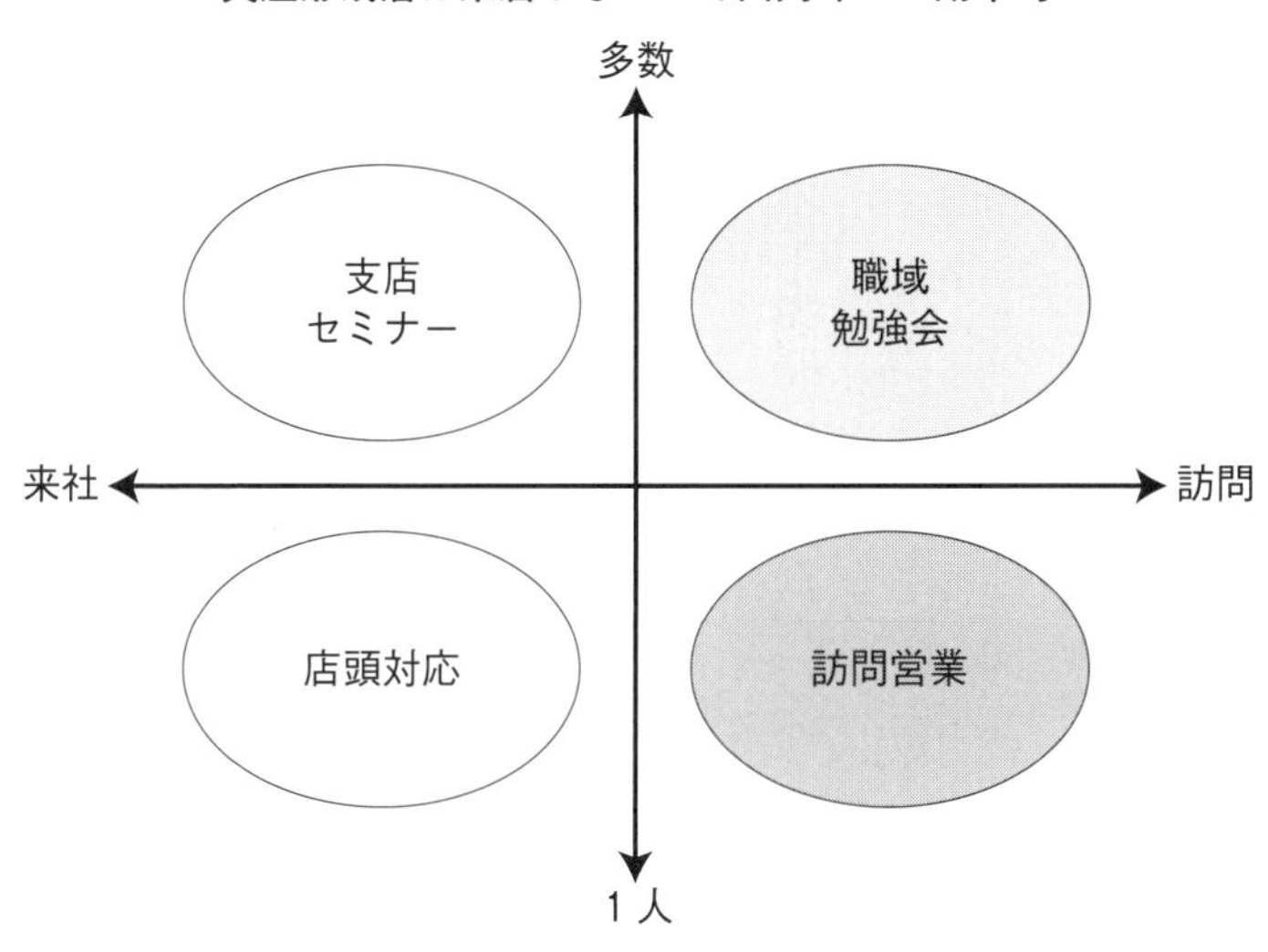

労金、証券会社など金融機関をよく回ります。どの金融機関でも若年層の開拓に苦慮されています。

来店を促そうと思っても20、30、40代の資産形成層に日中に来店してもらうのは容易ではありません。理由は簡単です。資産形成層の多くは日中働いているからです。ましてや、自分が口座をもっていない金融機関へわざわざ足を運んでもらうのは至難のわざです。資産形成層を来店で開拓していくのは、物理的・時間的に高いハードルを越える必要があります。

またいまやネット専業の金融機関も強敵です。ある程度投資に関心がある人は、手数料の安いネット系に流れてしまいます。

資産形成層に来店を促すのがむずかしい

のであれば、逆にこちらから資産形成層の集まる場所を訪問してみてはいかがでしょうか。つまり、企業の職域開拓です。職域で勉強会が開催できれば、個別に訪問するよりも効率よく営業ができます。

実際に私も中小企業で従業員を対象にした積立投資の提案を多数行ってきました。業務終了後や就業時間中に時間をもらい、自分年金づくりをテーマにした勉強会を開催します。これなら、金融機関に来店してもらわないでも、積立投資の提案ができます。具体的な提案方法は後章で紹介しますが、「自分年金づくり」の勉強会は、職域営業との相性が非常によいので、有効活用してください。まずは勉強会を開かせてもらうときの口利き役を務めてくれる総務部や経理部などのキーパーソンに、積立投資のファンになってもらいましょう。

◆相場の下落時に販売が伸びる

積立投資は、株式市場が大きく値下がりする局面で販売が伸びます。まとまった金額を一括で投資する個別株式や投資信託とその点が大きく異なります。

通常、投資信託や株式などの変動商品はマーケットが上昇する時に販売が伸びます。相場が上昇している時はいいのですが、下落している時には、販売は伸び悩みます。

しかし、積立投資はマーケットが値下がりする局面こそ新規開拓のチャンスです。

これは、私が出資していた社員30人程度の小さな証券会社での出来事です。その会社は2009年の夏に事業譲渡を行い、2010年の春に清算されました。事業譲渡までの最後の1期は、リーマンショックの影響もあり、一括投資の販売金額が対前期比で、70％程度下がってしまいました。

この時期に一括投資の金額が落ち込んだのは私のいた会社だけではなく、ほかの多くの金融機関も同じでした。マーケットが大きく崩れると、投資マインドが急速に冷え込んでしまうので、投資信託が販売できなくなってしまうのです。

しかし、同時に不思議なことが起きていました。一括投資の成約額が右肩下がりで落ちる一方、積立投資のお客様が急速に増えていったのです。どんどんご紹介が増え、数百万円規模の案件も増えました。成約しませんでしたが、最大で毎月1億円の積立投資という案件も出てきたのもこの頃です。

この結果、事業譲渡前の最後の期は積立投資の成約金額は対前期比で、約1・5倍に増えました。一括投資の金額が7割近く減ったのに対し、積立投資は5割程度伸びたのです。

その理由は、積立投資の特性にあります。下がれば下がるほどメリットがあるという特徴を、会社が契約しているアドバイザーの皆さんがお客様に一生懸命に伝え、それをお客様が口コミでどんどん紹介してくれたからです。提案する側もお客様も一丸となって、「下がることはメリットだから落ち着いていいんですよ。むしろ、いまが始めるチャンスですよ」と紹介や口コミをしてくれたのです。

その伸びに驚いた私は、なぜそれだけ積立投資を紹介してもらえるのか知りたいと思い、全国に数百人いるアドバイザーにアンケートを行いました。

すると、興味深い結果になりました。一括投資については、回答者の約2割の人しか提案したがらなかったのに対して、積立投資については約7割が積極的な提案の意識をもっていたのです。明らかに積立投資に対して、自信をもってくれていました。

当時（2009年4月頃）は、サブプライムショックやリーマンショックによる大幅な下落を経験した直後です。その後の意識調査で、積立投資について前向きな結果が得られたのは、非常に感慨深いものがありました。

ちなみに、私たちの会社のアドバイザーのほとんどが、資産運用に関しては未経験でした。普段は保険を販売する人もいれば、会計事務所で経理代行等を務める人もいました。

特に会計事務所勤務の方は、営業が苦手で嫌いという人も少なくありません。そんな方々でも、積立投資の提案だけは積極的にしてくれました。

彼らは銀行や証券会社で投資信託を販売している金融の専門家とは異なります。変動商品の販売に慣れていない方が大半でした。そういう方々でも積立投資だけは簡単に成約をとってくれたのです。

何をいいたいかというと、積立投資はこれまで投資信託などの変動商品の販売に不慣れな営業担当者でも、取り組みやすいということです。

地方の金融機関等に行くと、よくこんな声を聞きます。「うちの職員は投資信託の提案が苦手で、売れないんです……」

そういう方にこそお伝えします。積立投資なら売れます。長年の経験や高度なスキルは必要ありません。ある程度パターン化された値下がりのシナリオを話せばいいのですから。その内容を本書で解説していきます。

逆の言い方をすれば、積立投資が販売できないと、投資信託の一括投資の提案はむずかしいでしょう。これから投資信託の販売に力を入れたい金融機関では、むしろ積立投資から入ることをお勧めします。高い手数料がほしければ、後で紹介する変額保険（平準払い）を活用すれば、十分な収益も確保できます。いずれにせよ、変動商品を提案するのは、積立投資がいちばん簡単なのです。

値下がり時に積立投資を始めてもらうとどうなるか

考えてみてください。相場の下落時に積立投資を始めたお客様はその後どうなるでしょうか。マーケットの下落が落ち着き、徐々に上昇すると、まず、少し戻った時点で赤字から黒字に転換します（第2章「値下がり安心」効果の説明方法）。

この時点が最初の追加投資のチャンスです。積立投資の効果が実感できているので、追加投資するゆとりがある方には積極的に提案するチャンスになります。また、少し戻っただけで利益が出ると、口コミが起こる可能性も高まります。

そして、さらに上昇すると、値下がり時に買い込んだ量（口数）が高く評価され始めるので、一気に利益がふくらむのです。価格が投資を始めた時に戻っただけで利益が出ます（第3章「リバウンド」効果の説明方法）。

その時も気分がよくなっているので、追加投資のチャンスですし、お客様を紹介してもらうチャンスにもなります。

積立投資は値下がり時に販売しやすいだけでなく、その後に値上がりが来た時は、一度値下がりを経験している分、さらに販売しやすくなります。つまり、積立投資は相場の変動によらず、常にアクセルを踏んで提案しやすい方法なのです。

提案する職員の立場としても、相場が下がったことによるクレームが減り、相場下落時にもお客様との関係が悪化しにくい投資手法です。精神的にも非常に楽なので、フォローもしやすく、信頼を寄せてもらいやすくなります。お客様がふと運用したいと思ったときに、いつでも相談できる関係を築いておくことが一販売担当者にとっても、また営業店や金融機関全体にとっても大切なことはいうまでもありません。値下がりをチャンスに変えて販売を伸ばしてください。

◆収益化が可能

積立投資を成約できても金融機関にとっての収益性が低いと思われる方もいます。たしかに、投資信託の場合は、売り手からみると収益性は低くなります。

それでも資産形成層のライフタイムバリューの観点からみれば、最初の収益性は低くても、資産形成層を開拓するメリットは十分あります。

ライフタイムバリューとは、顧客生涯価値です。1人の顧客が生涯の間で取引を通じて企業にもたらす利益（価値）のことです。20代から30代の資産形成層は、たしかに取引開始時点では、収益面の魅力は低いかもしれませんが、その後の継続的な取引まで含めて考えれば、最初にかけた費用は十分回収し利益につなげる可能性が広がります。

ただ、ビジネスなので、顧客化する時点で、収益を確保したい気持ちもあるでしょう。そういう場合は、変額保険（平準払い）の提案をお勧めします。変額保険は、数年前に一括タイプのものを各金融機関やＦＰの方が積極的に販売しました。これからはそうした一括払いではなく、毎月コツコツと支払う平準払いが注目される商品になるでしょう。

変額保険（平準払い）は、簡単にいうと、投資信託の積立投資に死亡保障がついた商品です。

運用の成績によって解約金の金額が変わりますが、死亡保障の金額は運用が失敗しても減らない商品です。保険と名前がついているのですが、内容は投資信託の積立投資を行う資産づくりの商品です。

変額保険（平準払い）の場合、投資信託の手数料は安いのですが、死亡保障をつける分、保険の部分から相対的に高い手数料を確保できます。また変額保険の予定利率は、通常の生命保険よりも高いことが多いので、いわゆる「お宝保険」になり、効率よく死亡保障の準備もできます。運用だけではなく、保障部分も考えると、変額保険（平準払い）はお客様にとっても十分に保有する価値はあります。

投資信託の積立投資だと、収益面は厳しくなることも考えられますが、変額保険（平準払い）なら、収益的に魅力的なビジネス展開も可能です。

変額保険（平準払い）については、投資信託にない特徴もありますので、第8章で詳しく解説します。金融機関の経営者、経営企画担当、商品戦略担当の方は、変額保険（平準払い）の採用を検討してみてはいかがでしょうか。

本章では、積立投資をいま推進するための環境が整った点を確認しました。そして、いま、積立投資を推進するメリットの6つのうち、4つを紹介しました。残りの2つの「大口の提案が可能」と、「一時金の一括投資への展開が可能」は巻末のコラムをご参照ください。まだ積立投資に本腰を入れて推進している金融機関やＦＰの方は少ないです。だからこそ、いち早く行動して、ノウハウを蓄積し、実績を積み上げ、提案力を磨いていってください。積立投資のファンを増やし、あなたを信じる人が増えると、紹介が自然に増える素晴らしい流れができるに違いありません。

第2章

「値下がり安心」効果の説明方法

1 「値下がり安心」効果のクイズ

積立投資には、通常の投資のイメージと異なる特徴が複数あります。本章では最も重要な「値下がり安心」効果を説明する方法を解説します。

説明の方法は、クイズ形式です。投資信託に毎月1万円ずつ積立投資をしていくと最終的には損益はどうなるか、と質問する形式で、お客様に考えてもらいながら説明します。

次頁の図は架空の投資信託の値動きです。スタート時の価格は1万円で10年間投資します。しかし、運用を始めた後、徐々に値下がりを始め、7年後には、2000円まで下落しました。スタートした時の5分の1の価格です。その後上昇し、10年後、5000円まで回復しましたが、スタート時の半値です。

この投資信託に積立投資をした場合の損益をお客様に考えてもらいます。毎月1万円ずつ投資すると、1年間で12万円、10年間の投資金額は合計120万円になります。グラフのような値動きをする投資信託に毎月1万円ずつ10年間積立投資をした場合、10年後、お客様の120万円はいくらになるでしょうか。次の選択肢からお選びください。

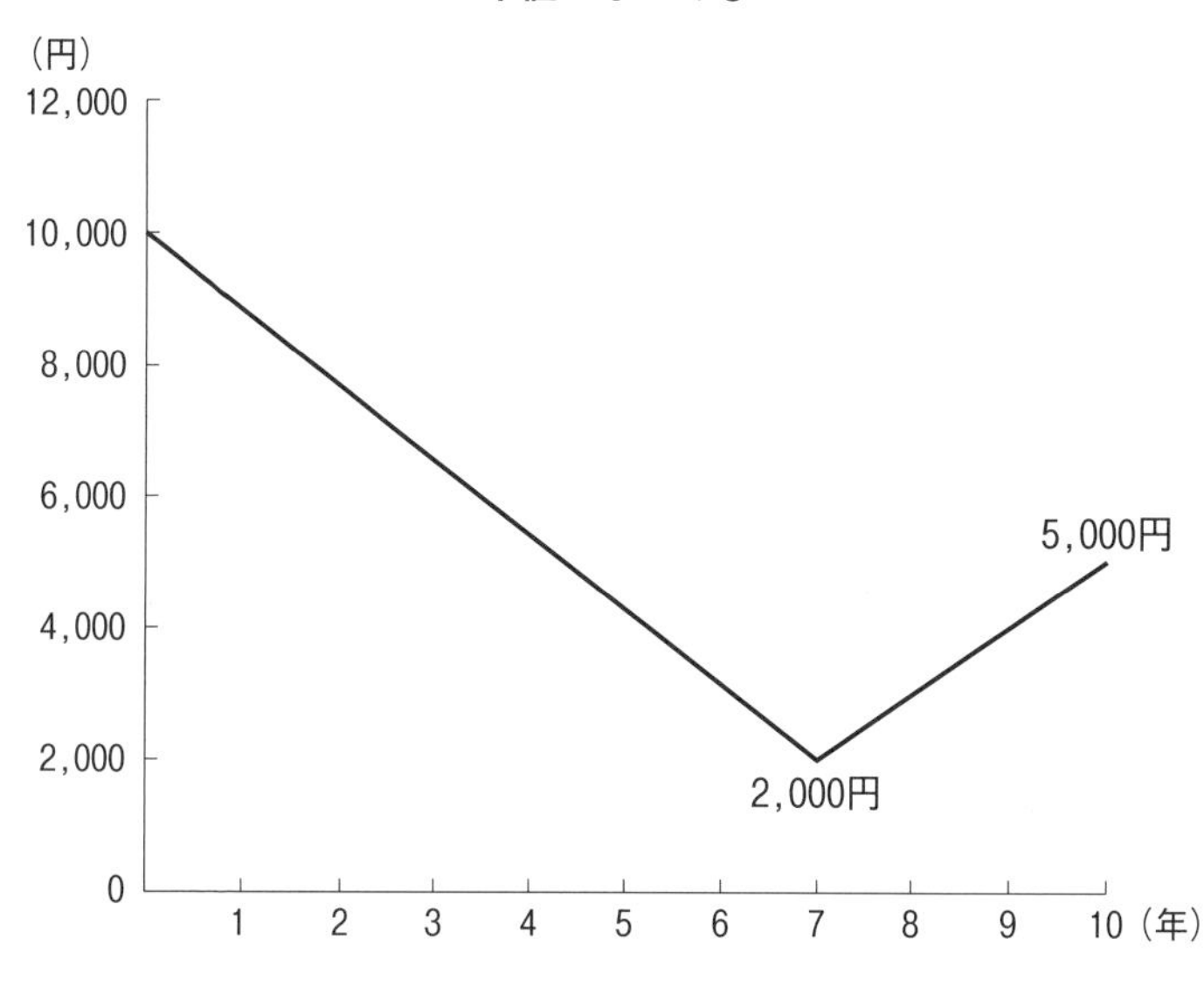

【答え】 ①約72万円　②約90万円
③約139万円

正解は③です。投資した商品の最後の価格が半値になっても、利益が出ているのです。

仮に、積立投資ではなく、最初に120万円を一括して投資した場合、10年後は半分の60万円になることはいうまでもありません。

しかし、積立投資だと利益が出ます。大切なのは、投資した商品が値段が下がっても利益が出た理由をお客様に理解してもらうことです。その理由を解説するために、積立投資の成績の式が重要になります。

2 積立投資の成績＝量×価格

◆投資の成績と3つのポイント

まず、お客様に伝えていただきたいのは、積立投資の成績の測り方です。それは次の式で計算します。

投資の成績＝量×価格

投資の成績は、金融商品を買い込んだ「量」と、それを最後に売る「価格」の掛け算で決まります。ただ、この式だけみせても、少し抽象的なので、3つのポイントに分けてこの式を解説します。

◆ポイント1：投資は「量」を買う行為

ポイント1：投資とは量を買う行為
・投資をするのは、リンゴを買うのと同じ。

・スーパーで、1個100円のリンゴを1万円分買うと100個買える。
・値段が100円の株を1万円分買うと、100個買える。

まず1点目は、投資とは「量」を買う行為ということです。投資は、私たちが普段スーパーやデパートで、いろいろな買い物をする場合と同じように、「量」を買う作業なのです。

たとえば、スーパーで1個100円（税込み）のリンゴがあったとします。あなたはレジで1万円を払いました。すると、リンゴを100個買えます。「個数」という「量」を買っています。

投資もこれと同じ考え方です。仮に値段が100円の株式があるとします。その株に1万円投資すると100株買えます。株の場合は「株数」という「量」を買います。

次はいよいよ投資信託です。1口100円の投資信託があったとします。その投資信託に1万円投資すると、100口買えます。投資信託の場合は「口数」という「量」を買います。

このように、投資とは、普段の買い物と同じように、「量」を買う行為なのです。しかし、品物が手元に残る普段の買い物と違って、投資は取引報告書をもらえるだけです。投資初心者ほど「得体のしれないものになってしまった」「大事なお金がよくわからないところに消えてしまった」というイメージを抱きがちです。

しかし、投資は私たちが普段行う買い物と同じように、しっかりと「量」を買っていることをお客様にお伝えください。この「量」を買い、保有し続ける意識が１つ目のポイントです。

◆ポイント２：毎回買える「量」が変わる

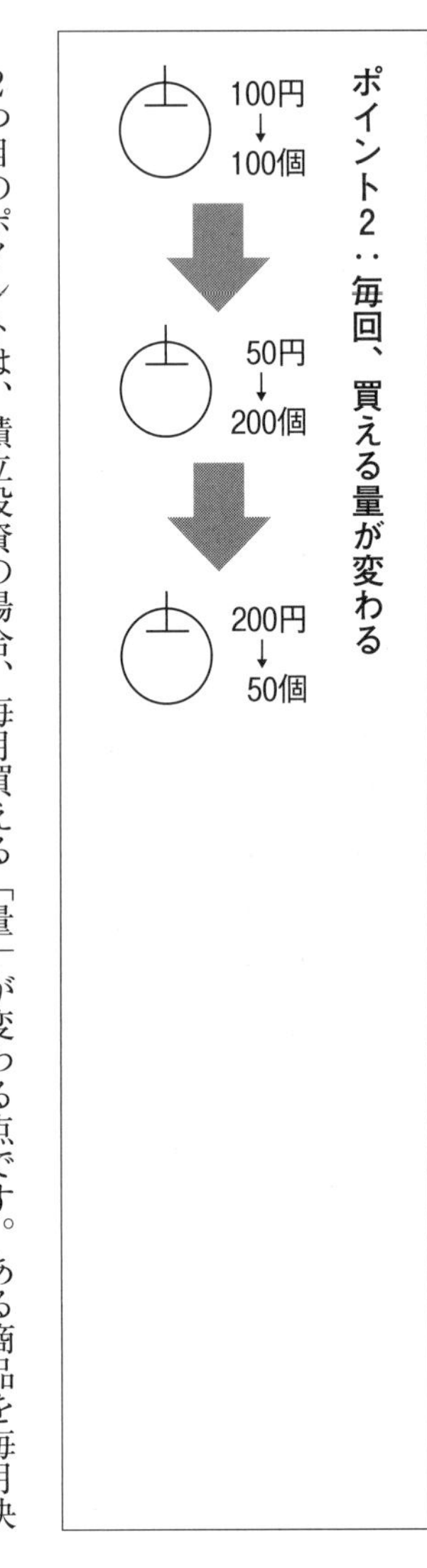

２つ目のポイントは、積立投資の場合、毎月買える「量」が変わる点です。ある商品を毎月決まった金額ずつ購入していく場合、購入する商品の値段の変化について買える量が変わります。商品の値段が下がると、多くの量が買えます。逆に値段が上がると、少ない量しか買えません。

図のリンゴで考えてみましょう。１カ月目、スーパーでリンゴが１００円（税込み）で販売されています。１万円払い、１００個買います。翌２カ月目、リンゴが50円に値下がりしたので、今度は200個買えます。買える量が2倍に増えました。3カ月目、200円に値上がりしたので、今度は50個しか購入できません。

この仕組みは投資でもまったく同じです。投資信託に積立投資をする場合、投資信託の値段が下がれば多くの口数（量）が買えます。逆に値段が上がると少ない口数（量）しか買えません。

このように、積立投資では毎月購入できる「量」が変化します。これが第二のポイントです。

◆ポイント3：買った「量」を積み上げていく

ポイント3：買った量を積み上げていく

量を積み上げるのがドルコスト平均法

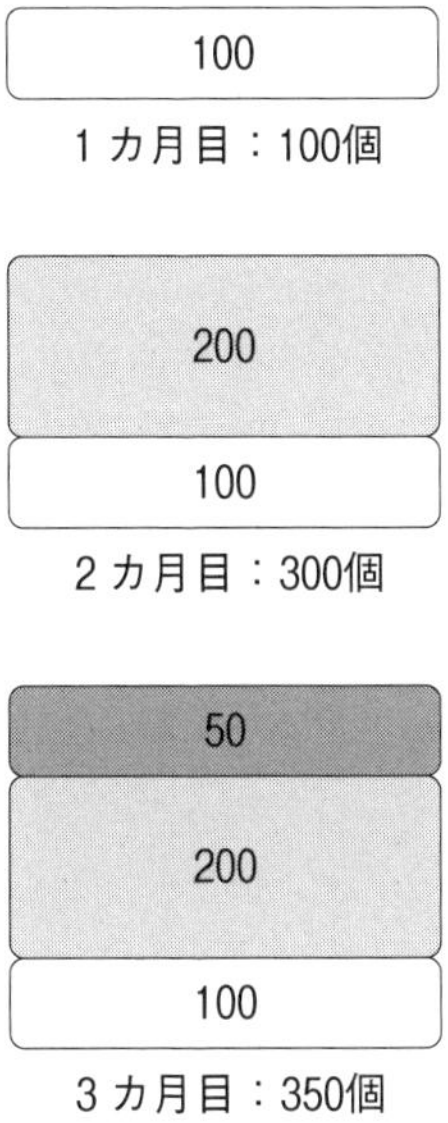

1カ月目：100個	2カ月目：300個	3カ月目：350個
		50
	200	200
100	100	100

3つ目のポイントは、買った「量」を積み上げていく点です。先ほどのリンゴの例で考えてみましょう。

1カ月目はリンゴの値段が100円だったので、1万円で100個買えました。2カ月目は50円に値下がりし、200個買えました。買った量の合計は、1カ月目の100個と2カ月目の200個で合計300個です。3カ月目は50個買ったので、累計で350個になりました。

このように、買った「量」を文字どおり積み上げるのが積立投資なのです。株式の場合は「株数」、投資信託の場合は「口数」を積み上げます。リンゴ箱を積み上げるように、買った量を積み上げるイメージをお客様に伝えてください。これが3つ目のポイントです。

◆投資の成績の考え方

ここまできたら、次の質問をお客様に出します。いまあなたはリンゴを350個もっています。そのリンゴを商店街で1個200円で販売しました。すると、一人のお客さんが近寄ってきて、そのリンゴを全部（350個）買い上げてくれました。その時、あなたのお財布に現金がいくら入るでしょうか。

正解は7万円ですね。計算式は350個（量）×200円（価格）＝7万円です。これが、「量×価格」の考え方なのです。たくさん買い込んだ「量」を、最後の「価格」で売却するのです。

投資の成績 ＝ 量 × 売却時の価格

350個

￥70,000 ￥200

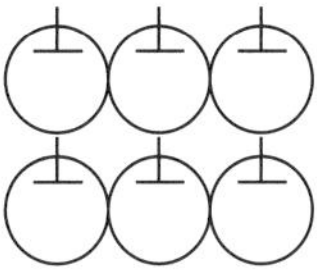

リンゴではなく、積立投資の場合も同じ考え方です。積立投資の場合、毎月決まった金額を投資していきます。つまり、毎月金融商品（株や投資信託など）の「量」を買っていきます（ポイント1）。

毎月、金融商品の値段が変化するので、買える「量」は変化します。価格が下がるとたくさんの「量」が買える一方、価格が上がると少ない「量」しか買えません。毎回買える「量」が変化します（ポイント2）。

そして、それらの毎月買い込んだ「量」を積み上げていきます。投資の場合も買った「量」を積んでいきます（ポイント3）。

最後に、それを最後の「価格」で売却すると、投資の成績が決まるのです。投資もリンゴを販売する時と同じように、「量」×「価格」で成績が決まるのです。

◆「量」の意識をもっていないとどうなるか

この説明をするまで、ほとんどの投資初心者は投資の成績は「量」×「価格」で決まるという意識をもっていません。そうではなく、投資の成績は「価格」で決まると思い込んでいる人がほとんどです。投資した商品の価格が上がると儲かり、下がると損するという思い込みです。ですから、投資する商品の価格（値動き）ばかり気にしているのです。

「投資の成績＝量×価格」という正しい計算方法（投資結果についての考え方）を教えてあげてください。

◆もう一度グラフを説明する

この積立投資の成績の考え方を説明した後で、再度クイズをお客様に提示しましょう。この順番が大切です。先ほどまでお客様がピンとこなかった部分を納得してもらえ理解が深まります。

【答え】　①約72万円　②約90万円　③約１３９万円

グラフを示しながら、次のように説明します。まず、1万円から積立てをスタートした後、値段が下がります。すると、買える「量」がどんどん増えていきます。7年目に２０００円まで下落した際は、スタート時の5倍の「量」が買えています。

この時、私はよく「バーゲン」のたとえ話をします。「デパートで普段1万円の洋服が２０００円になったら、どうですか。1万円で5着も買えますよね。値段が下がるということ

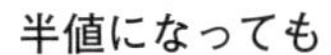

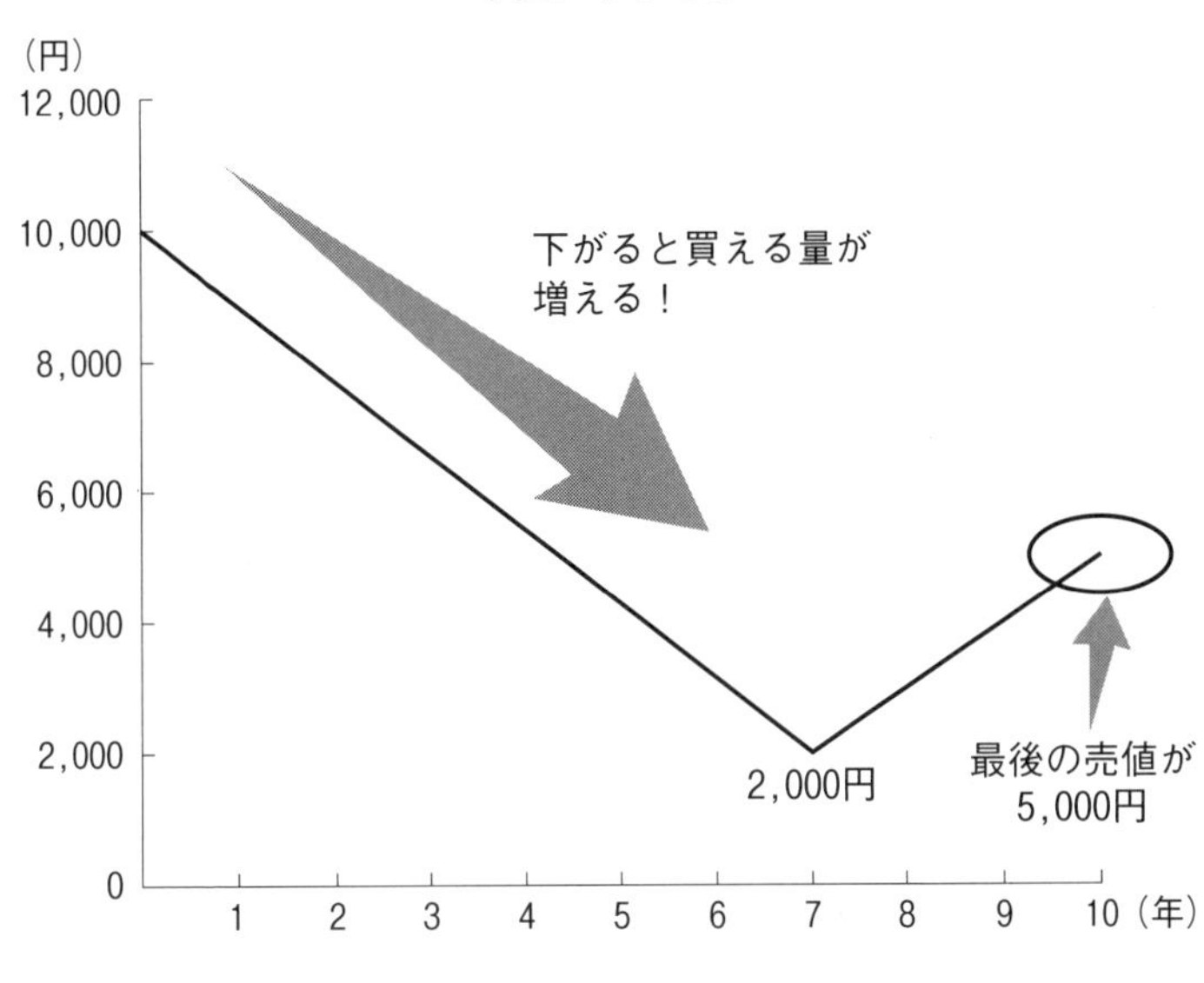

は、たくさんの量が買えるのでチャンスなんですよ」という感じです。

先ほどはリンゴにたとえて話しましたが、いろいろな物にたとえるとイメージしやすく効果的です。特に女性の場合は、いままでの経験では洋服のたとえが、非常に反応がよかったので、ぜひ使ってみてください。

もう一度、クイズの説明に戻ります。値段が下がるなか、ずっと買い続け、最後に5000円で売却しました。これをどう考えればいいのでしょうか。

ここでホワイトボードに投資の成績の式「成績＝量×価格」を書いておきます。そして、価格の下に目立つように赤のペンで5000円と書き込みましょ

成績＝量×価格
139万円　大量　5,000円

う。そして「先ほどのリンゴは最後に1つ当り200円で売却しましたが、今度の投資信託は最後に5000円で売却しました」と説明します。先ほどのリンゴになぞらえて、売却価格をイメージしてもらうのです。

次に、量を四角で囲み、次のような説明をします。「たしかに、売却の価格はスタートした時の半値の5000円でした。しかし、途中で値下がりの期間が長かったので、たくさんの『量』が買えました。最後に、このたくさん買い込んだ『量』を5000円で売却したら、結果として139万円になったという考え方なのです」

先ほどのリンゴの例をもう一度あげて、考え方は同じという点を押さえて説明してください。

3 「値下がり安心」効果の説明

◆「値下がり安心」効果を説明する

クイズを出したら、「値下がり安心」効果を説明します。「値下がり安心」効果とは、下がっても「安心」という意味です。

まず、積立投資は「価格」だけみては見誤る点を説明します。ほとんどの人が「量」の視点をもたずに、「価格」しかみてないこと、だから、右肩下がりの価格グラフをみたら損をすると思い込んでしまいます。

次に、積立投資は「量」×「価格」で決まるのであって、大切なのは「量」と伝えます。積立投資はこの「量」を何回にも分けて購入して、積み上げていくのです。

ですから、積立投資を始めて、価格が下がり出すと、自動的にたくさんの量を買い込んでくれます。つまり、下がることがチャンスになるのです。

ほとんどの人は、「量」の視点がないので、「下がったらこわい」と思い込んでます。しかし、「量」の視点をもてば、値下がりはむしろ歓迎すべきことになります。積立投資は、一括投資にはない「安心感」がある投資手法なのです。

◆「1円になっても」のクイズ

さらに値下がりの不安を取り除くために、もう1問出すと効果的です。これはちょっと非現実的ですが、頭の体操と思ってください。

今度は1万円からスタートし、7年後に1円まで下落しました。その後、50円まで回復しました。終わり値は、スタート時の200分の1になってしまうという大暴落です。この商品に毎月

1円まで下がったら

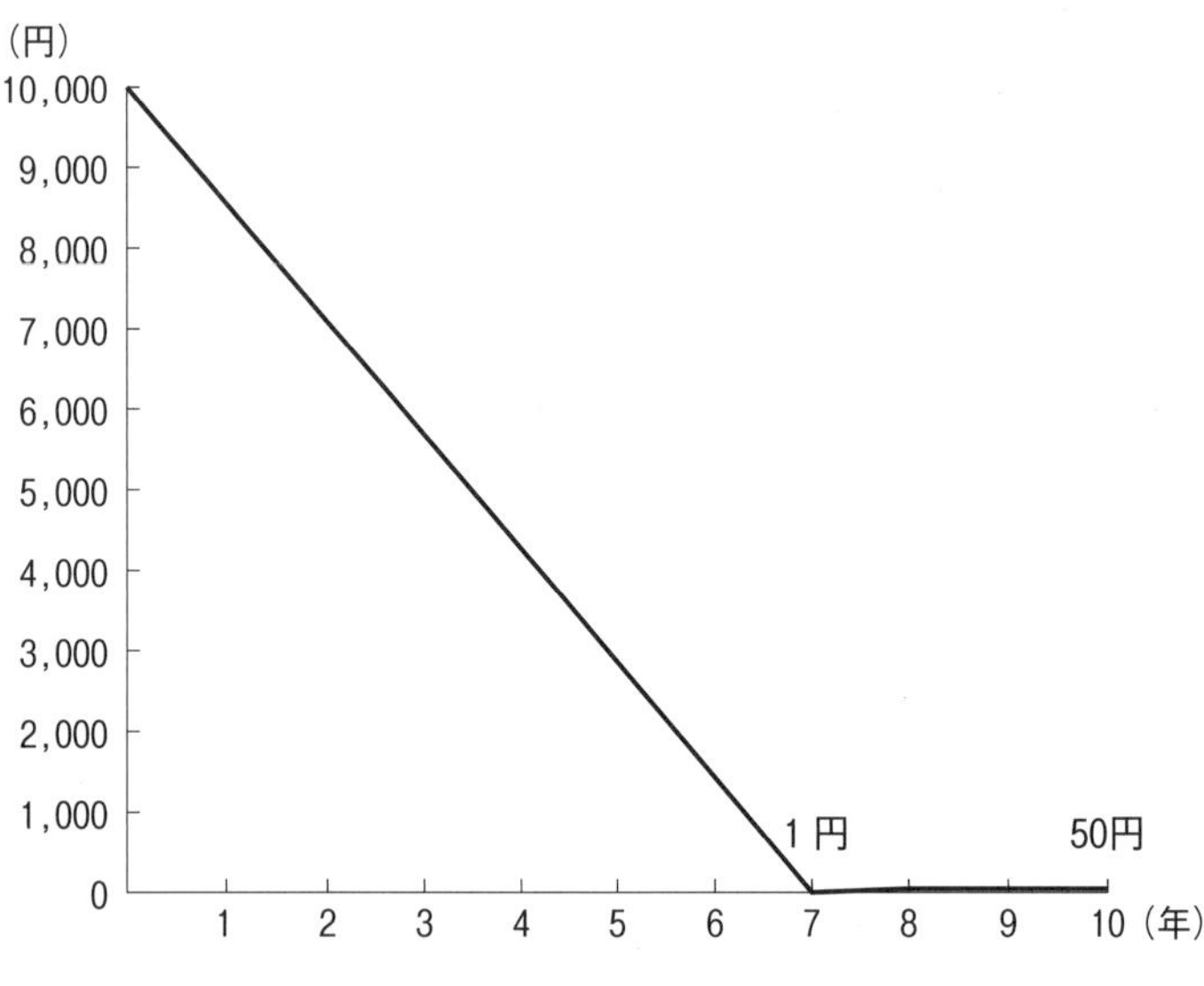

1万円×10年間で120万円の積立投資をしたとします。

ここで2つの質問があります。

【質問1】 こんな商品に積立投資をしても利益が出るものなのでしょうか。

いくら下がってもいいとはいえ、さすがに1万円の商品が50円まで値下がりしたら厳しい気もします。

しかし、それではこの問題を出した意味がないでしょう。正解は、「利益は出ます」。なんと、価格が200分の1に値下がりしても、利益が出るのです。

この時点で、価格だけみて投資の成績を判断してはいけないとお客様も再確認します。お客様も価格だけみるのは間違っていたとハッとしてくれます。

【質問2】 続けて、もう1問です。最初に出したクイズの7年目に2000円、10年目に5000円になったパターンをⒶとし、10年目に50円になったパターンをⒷとします。ⒶとⒷに積立投資をした場合、どちらの成績がよくなるでしょうか。

大きく下がったほうがいい!?

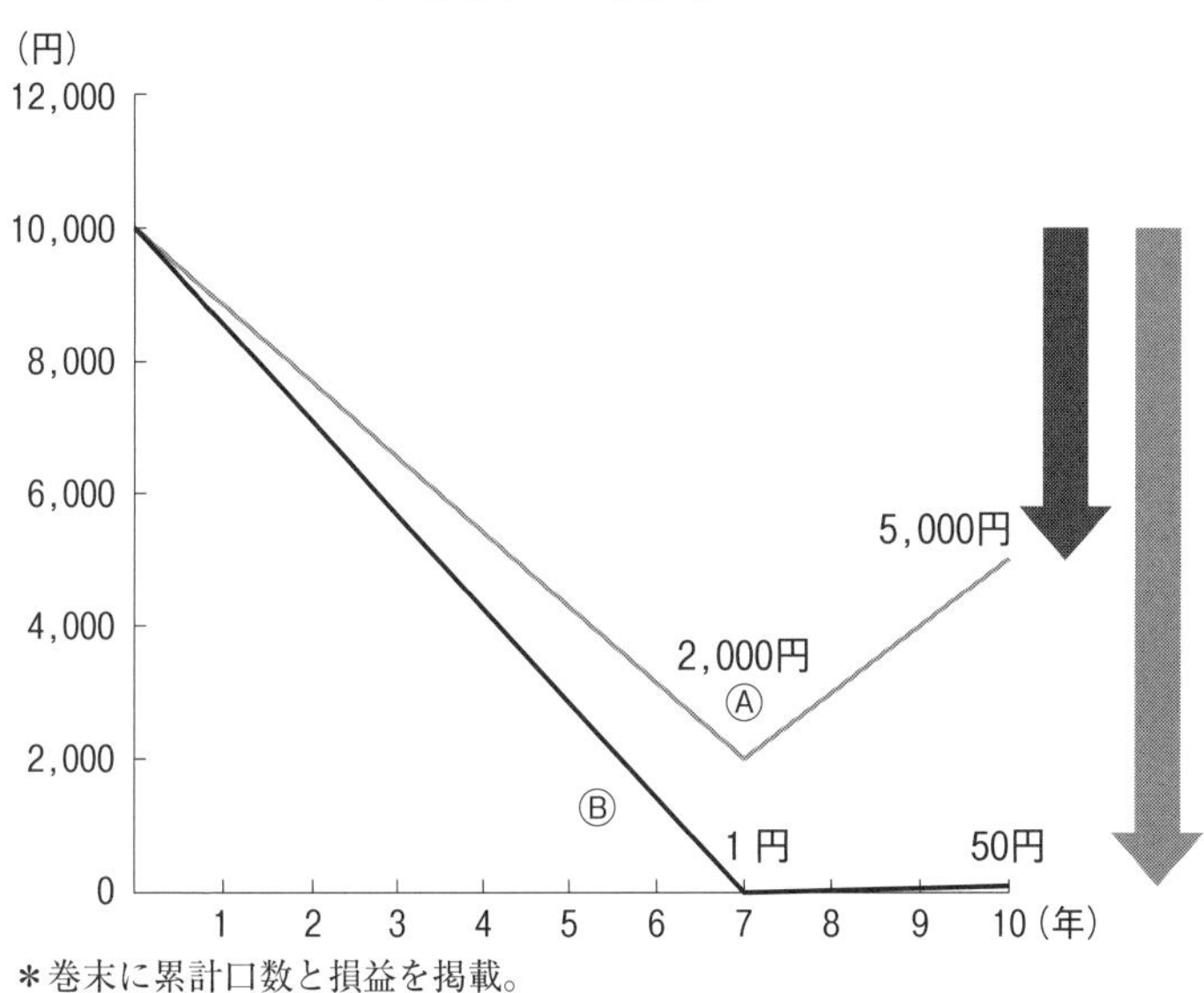

＊巻末に累計口数と損益を掲載。

正解は、なんとⒷです。Ⓐが約139万円になるのに対して、Ⓑは約175万円になります。

理由は簡単です。1円まで下がった時に大量の「量」を買い込んでいるからです。1万円の洋服の価格が1円だったら、1万着買えますね。最後の価格が50円でも、大量に「量」を買い込めたので、積立投資では利益を出すことができたのです（ご参考まで巻末にⒶとⒷそれぞれの累計口数と損益をまとめた表を掲載しています）。

この問題はちょっと非現実ですが、お客様の思い込みをもう一段取り除くためには効果があります。最初に出した「半値になっても」の問題で、ほとんどの人は積立投資の意味をなんとなく理解します。ただ、もう一段深掘してあげることで、「本当だ！　積立投資は『量』が大事なんだ。価格だけみていても間違ってしまうんだ！」と、より「量」の意識をもってもらえます。

「量」への意識が強くなるということは、値下がりへの不安がなくなるということです。なぜなら、下がれば下がるほど「量」が買えるのですから。値下がり安心効果は非常に重要なので、丁寧に説明をしてあげましょう。

◆いくら値下がりしても0円になってはいけない

ただし、当然ですが、下がってもよいとはいえ、下がり続けて最後の「価格」がゼロになってしまってはいけません。いくら大量の「量」を買い込んでも、最後の「価格」が0円になってしまったら意味がないのです。この点もあわせて説明しておきます。

今回の問題はあくまで頭の体操です。積立投資をするときは、後ほど解説しますが、中長期的には価格が上昇するほうがいいに決まっています。ただ、序盤から中盤にかけての値下がりはまったく気にしないでいいということです。

◆積立投資をする際の2つの鉄則

ここで積立投資をする際の鉄則として2点覚えておいてください。1点目は投資信託を活用することです。

投資信託は容れ物、透明な袋にすぎません。

投資信託を活用するメリットは、リスク管理ができる点です。投資対象を分散しやすいので、投資信託という袋のなかに入っている企業の倒産リスクなどを管理できます。また、株式だけでなく、債券など複数の資産に投資できるので、簡単にリスクを分散できます。

また、運用する専門家の判断でなかに入っている企業（銘柄）を入れ替えることもできます。企業にも人と同じように栄枯盛衰があります。新しい技術をもっていたり、独自の強みがあり成長力が強い企業などを追加する一方で、ライバル会社に大きく負けてしまったり、衰退する企業などは、外してしまいます。投資信託の中身は入替えができるので、その点でもリスク管理できるのです。

投資信託の仕組み自体は非常に利便性が高く優れています。問題は使い方で、きちんと長期間りいます。

保有し投資資産を分散するなど適切な利用方法をすれば、とても便利な資産づくりのツールになります。

もう1点は投資対象を世界全体に分散することです。とりわけ中長期的に値上がりの期待できる世界の株式を対象に資産を積み立てるのです。特に資産形成層に属す若い人たちは株式中心でいいでしょう。そのほうが中長期的な成長が期待できます。

比較的高齢の方は、債券などの安定資産の比率を高めにするのが望ましいでしょう。また、法人で積立投資をするときも、債券を入れて安定的なポートフォリオが好まれる傾向がありますが（経営者の意向によりますが）。

◆リバランスの考え方

積立投資の場合は、途中でリバランスといって資産配分を変更することも可能です。たとえば最初は積極的にリターンをねらう積立投資を始めた後、ある時点で安定した運用に切り替えるという戦略は一般的です。

ただし、リバランスに正解はありません。「○○の価格が△△円になったら、××を増やす」など、あまり厳密なリバランスのルールをあらかじめ決めておいても、正解がないので、どうしていいかわからなくなり泥沼にはまっていきます。基本的には当面の間放置で、基本とする資産

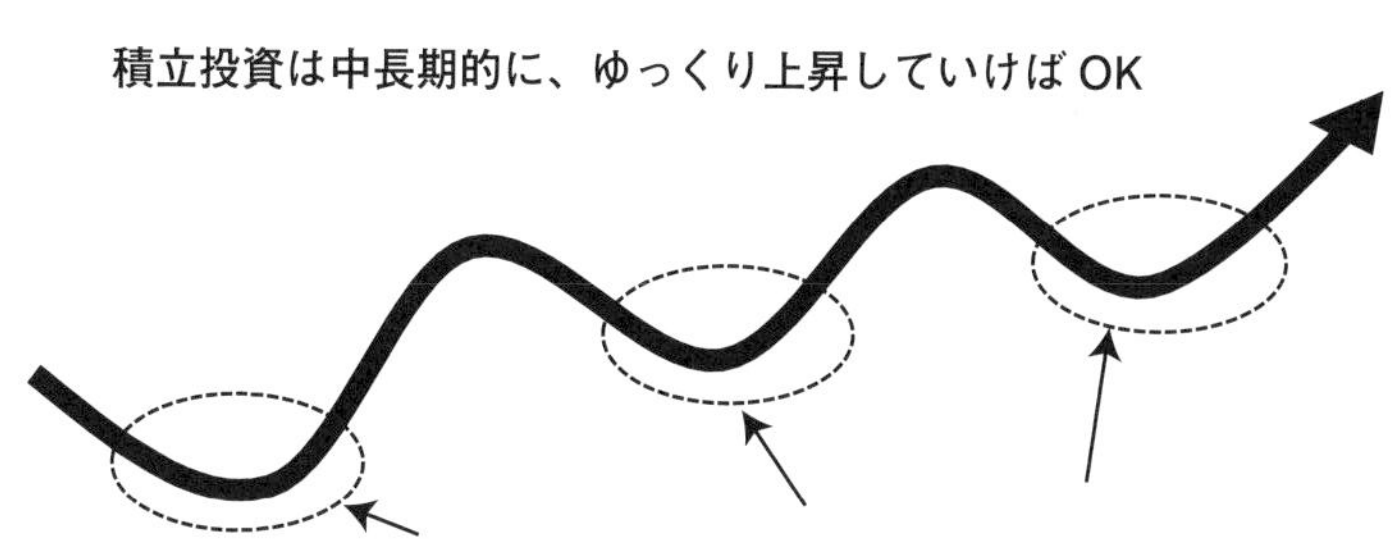

配分（アセットアロケーション）比率から、実際の資産が大幅に乖離したときや、ライフプランに大きな変更があったとき、運用の終わりが近づいてきたら検討する程度でいいでしょう。途中の運用環境について細かく気にされる方には、リバランス機能のついたファンドに積立投資をしてもらうのも1つの手です。

積立投資は中長期的に、ゆっくり上昇していけばOK
途中の値下がりは「量」を買い込むチャンスなので気にしないでOK

世界の株式を選ぶ理由は後ほど説明します。一言でいえば、今後も持続的な成長が期待できるからです。新しい技術の登場により、企業は常に成長していきます。その成長に乗っかるイメージです。

積立投資をするときは、投資信託を使う点と、世界の株式に投資する点の2つの鉄則を守るようにしましょう。

◆「値下がり安心」効果の実例

「値下がり安心」効果を具体的な実例で紹介します。次頁のグラフをご覧ください。

これは日本株式の価格推移です。より正確にいえば、日経平均

日経平均株価の推移

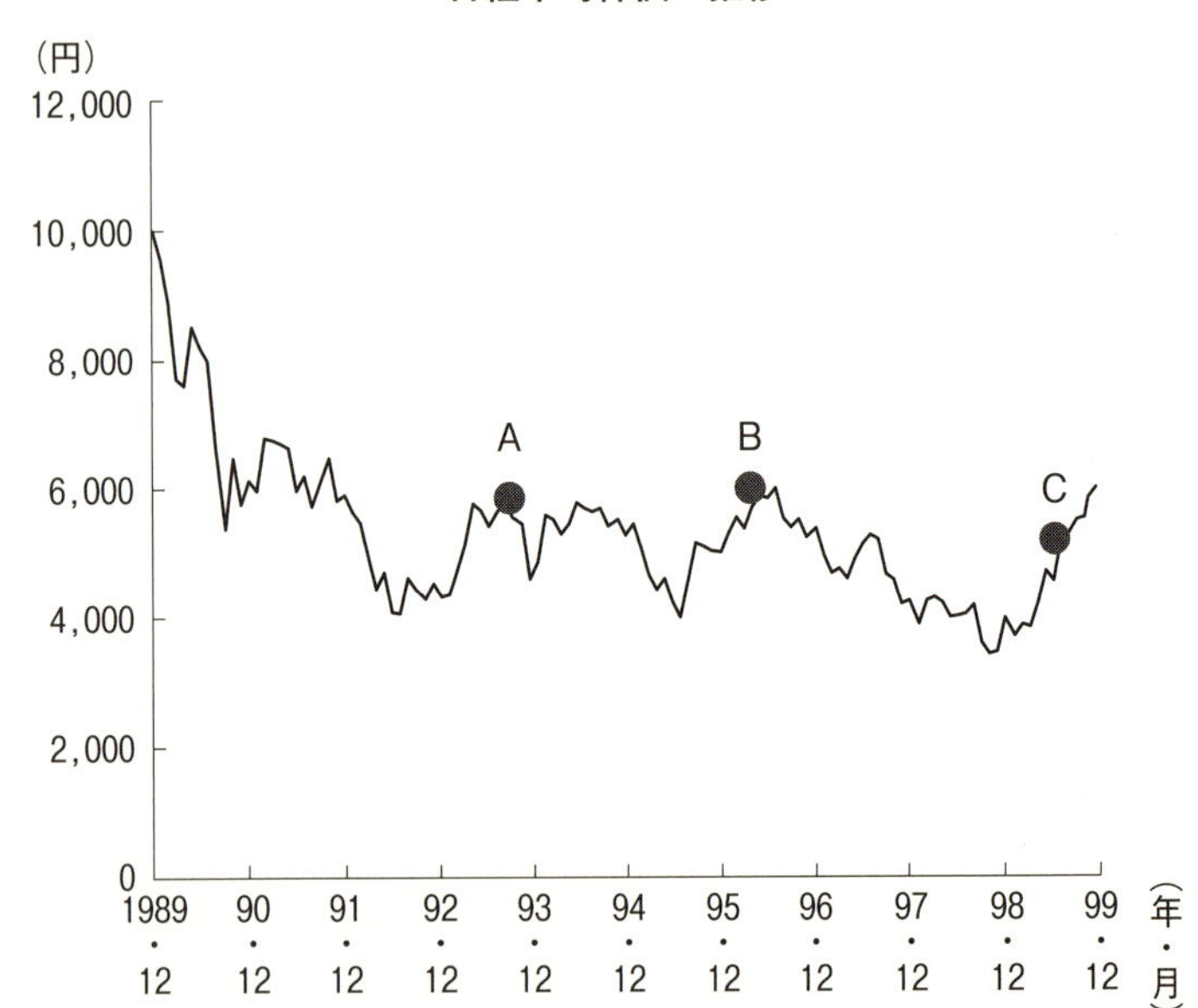

株価が戦後最高値（終値3万8915円）をつけた1989年12月29日に、1万円だった日経平均株価連動型投信の基準価格の動きと考えてください。バブルがはじけて、右肩下がりで推移しているのがわかります。では1989年末から毎月1万円ずつ日本株式に積立投資を始めた場合、最初に黒字化するのは次のいつでしょうか。

A：1993年8月
B：1996年4月
C：1999年7月

正解はAの1993年8月です。

いかがでしょう。1989年末以降、大幅に下落し、93年8月時点で

40％以上下がっています。つまり、最初にまとめて一括投資していた場合、4割以上の損失を出しています。しかし、積立投資の場合は黒字になったのです。

これが積立投資の「値下がり安心」効果です。繰り返しになりますが、お客様が積立投資を始めてから大きく値下がりしても、まったく気にする必要はありません。

損失回避と回復力

◆人間の脳は利益よりも損失に敏感に反応する

安心感は投資者にとって、非常に重要です。脳の「損失回避の特性」を説明します。

ノーベル経済学賞を受賞したプリンストン大学教授のダニエル・カーネマンの研究によると、人間の脳は利益よりも損失のほうが2～2・5倍も大きく感じます。

あまり親しくない人に3万円ご馳走してもらったときの喜びと、3万円ご馳走させられたときの怒りはどちらが大きいでしょう。

セミナーでこの質問をすると、ほとんどの人が「怒りのほうが大きい」と答えます。ご馳走してもらったことは時間が経つと忘れてしまう人も多いでしょう。しかし、おごらされたときの怒りは、一生の恨み節になりかねません。

金額は同じ3万円なのですが、受け取った利益よりも、失った損失のほうが大きく感じてしまうのです。

脳が損に敏感な特性を「損失回避」と呼びます。動物のもつ防衛本能の延長にあるものです。動物は天敵に見つかり、捕まったらそこで命が終わります。強い相手に勝たなくてもいいので、逃げ切れればいいのです。動物の脳は生き残るために、自分にとってマイナスなことに敏感になっているのです。

人間社会では、動物が天敵に襲われるような危険にさらされることはほとんどありません。ただ、精神的な面での防衛本能は残っています。自分にとってデメリットなこと、損をしてしまうことには敏感なのです。

ですから、これから積立投資を始める人が「下がるかもしれないし、こわい」と感じるのは普通のことですし、だからこそ積立投資は「安心」してできるので、初心者の方でも始めやすい投資手法なのです。

◆積立投資は回復力がある投資

さらに、安心感を実感してもらうために、別の視点で説明をします。もう一度グラフをみてく

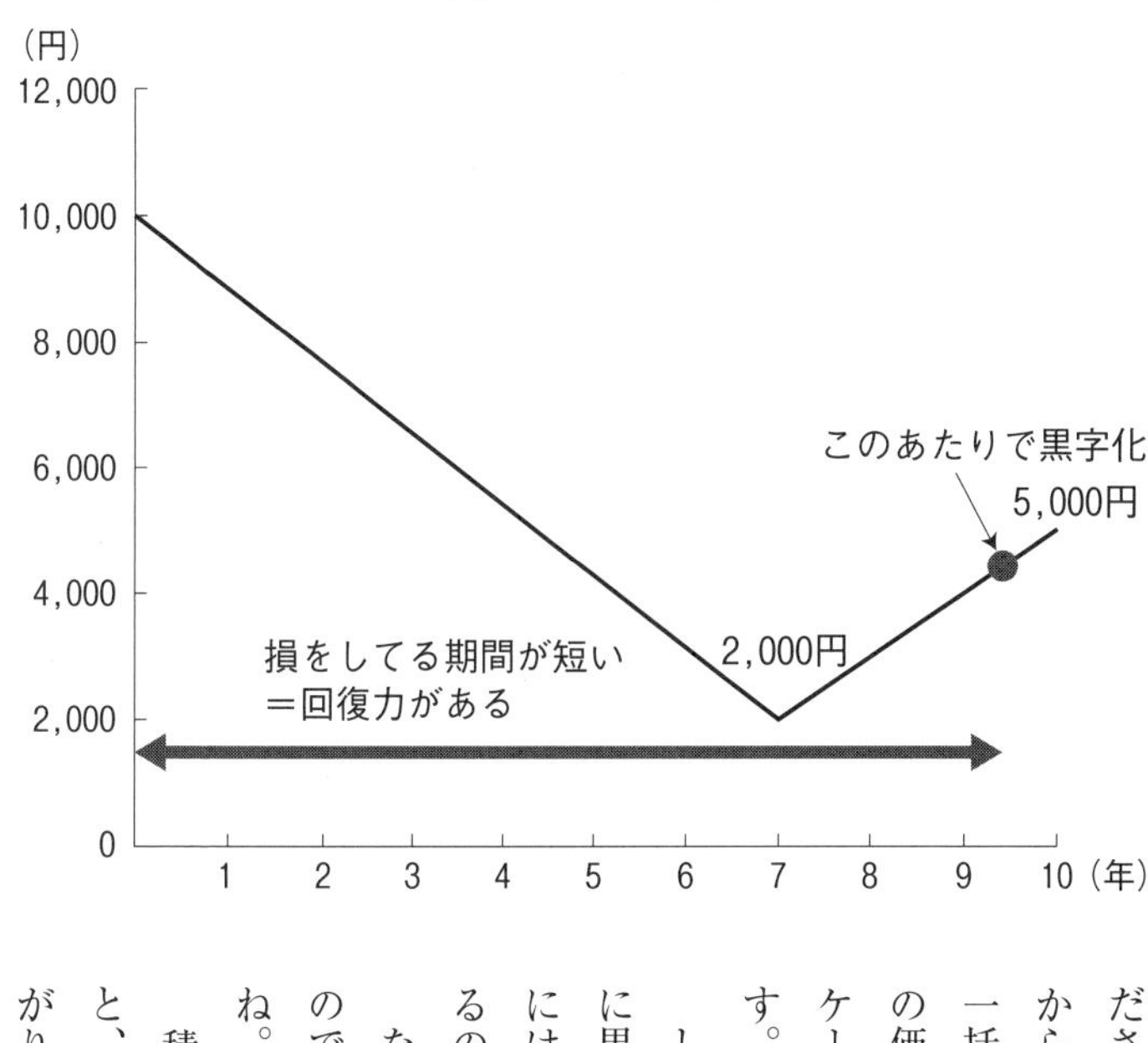

ださい。積立投資の場合、上昇に転じてから約2年半で黒字化しました。最初に一括投資をしていた場合、投資した時点の価格に戻らないと回復しません。このケースだと10年間経っても赤字のままです。

しかし、積立投資の場合、それより先に黒字化するのです。つまり、積立投資には損の期間を短くする「回復力」があるのです。

なぜ、積立投資には「回復力」があるのでしょうか。もう皆さんおわかりですね。ポイントは「量」です。

積立投資の場合、投資対象が下がると、より多くの「量」が買えます。値下がり時に大量の「量」を買うので、「価

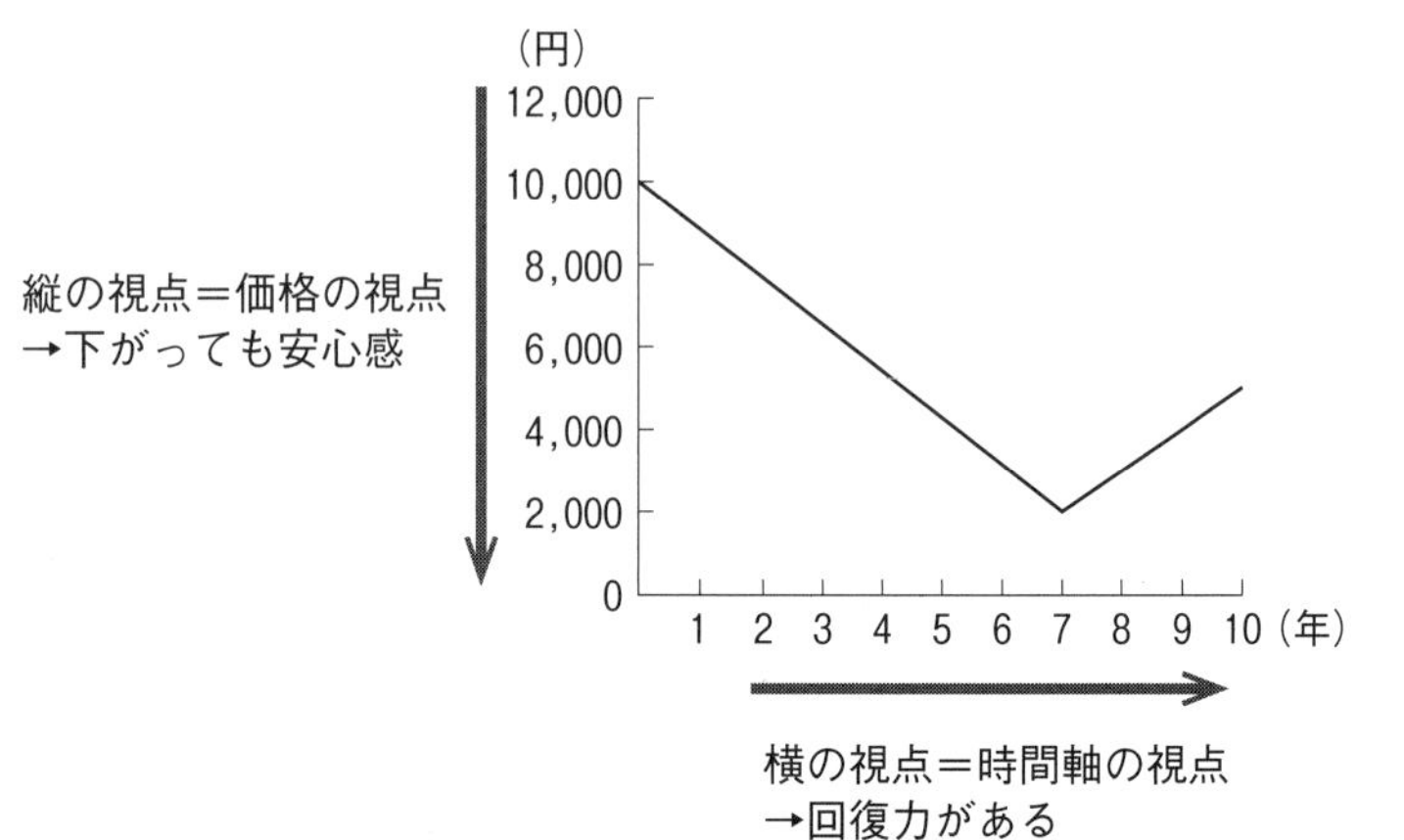

格」が少し戻るだけで黒字化しやすいのです。

整理します。下がったら、たくさんの「量」が買えるので、少し価格が戻れば黒字化するから大丈夫、という「安心感」は、縦の視点＝価格の視点です。

一方、下がったらたくさんの「量」が買えるので、すぐに黒字化するので損をしている時間が短く「回復力」があるから大丈夫、というのは、横の視点＝時間軸の視点です。

どちらもいっていることは同じです。価格が下がった時に、たくさんの「量」が買えるから、すぐに回復しやすいので、「安心」ということです。

長期投資家の心理

将来については楽観的

目先は悲観的
→「値下がり安心」効果

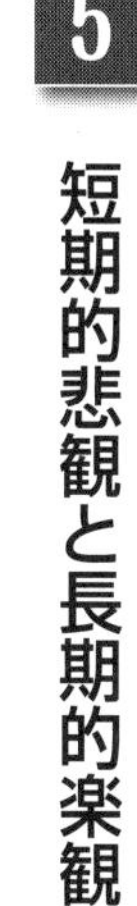

5 短期的悲観と長期的楽観

◆期間で異なるマーケット観

積立投資の説明をする際に、前提となる重要な考え方を紹介します。それは「短期的悲観・長期的楽観」というものです。

まず、「長期的楽観」とは、資産運用に興味がある人のほとんどが抱いているであろう中長期的にみて「資産運用しておいたほうがいいんじゃないかな」という期待や「資産運用で増やしたい」という希望のことです。

たとえば、資産運用や積立投資のセミナーを行うとしましょう。そこに参加する人は、資産運用や積立投資に何かしら期待や希望をもっている人でしょうか。もしも、「将来、マーケットが下がり続けるだろう」とか、「資産運用

マーケットに対し、中長期的に希望をもってない悲観論の人

預金はいつまでたっても増えない＝預金には失望している

なんかしても無意味だ」など、資産運用に対して悲観的な見通しをもっている人は、セミナーに参加したり、みなさんの話に耳を傾けることはないでしょう。

そういう方もたまにいますが、悲観的な考えに凝り固まっている人に考え直してもらうのは、大変な労力を要しますので、早めに打ち切って、他の見込み客に時間を使いましょう。

一方、「預金をしていても増えない」と怒っている人がいます。こういう人は預金に何も期待していません。預金に失望しているのです。裏を返せば、預金にかわる資産運用に期待をもっているのです。投資信託や、株式、ＦＸ、積立投資などいろいろあって、まだ何がいいのか判断がついていないのかもしれませんが、預金に対して失望し、資産運用に期待を寄せている証です。

つまり、金融機関のセミナーに参加したり、担当者と会って資産運用の話を聞く人の多くはマーケットの将来

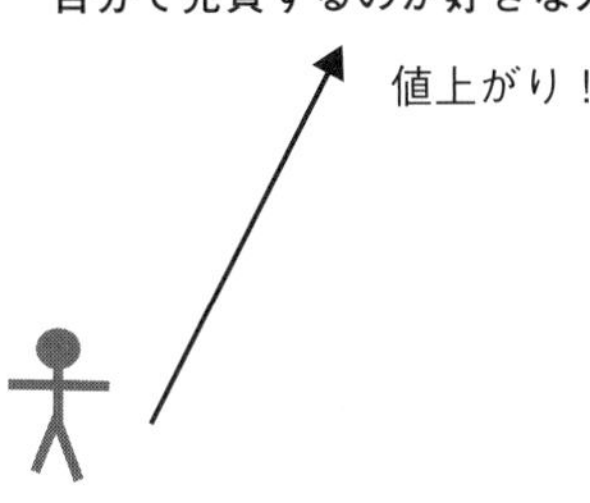
短期的悲観がない人
＝自分で上がる商品を探す人
自分で売買するのが好きな人
値上がり！

に対して「楽観的」＝「いつかは上昇する」という見通しをもっていると想定できます。

◆短期的悲観

次に、「短期的悲観」です。先ほど述べたとおり、多くの人は中長期的に楽観的な見通しをもっているにもかかわらず、すぐに投資に踏み切りません。その最大の理由は「投資した商品の価格が下がるのが嫌だ」「下がって損をするのはこわい」という心理が働いているからです。つまり、多くの投資初心者が「下がるかもしれない」という短期的悲観をもっているのです。

逆に、短期的悲観をもっていない人は「短期的に上昇が期待できる」と考えている人たちで、多くの場合、すでに自分で個別株式や投資信託を選んで投資をしているでしょう。イメージでいうと、積極的に本やインターネットで情報を収集し、自分の判断での投資を好む人たちです。

ただしそういう人はまだまだ少数派です。ほとんどの人は、目先の値下がりにこわさや不安を感じ（＝短期的悲観）、中長期的には期待をしている（長期的楽観）と考えられます。

◆会社経営者の株価見通し

短期的悲観・長期的楽観について、興味深い調査を紹介します。日本経済新聞は、毎年正月に日本を代表する著名経営者20名に、その年の日経平均株価の底値と高値の時期を予想させる特集を掲載しています。

１９８５年に始まったこの調査は、２０１５年までに31回を数えます。この調査結果が非常に興味深いです。31回すべての年で、過半数の経営者が「その１年間の後半月に最高値」と答えているのです。

ちなみに、２０１５年は20人中17人が12月に最高値を更新すると予想しています。このアンケートに答えているのは、アサヒホールディングス、楽天、三越伊勢丹、伊藤忠商事、信越化学、三菱地所、ユニチャーム、東芝、武田薬品、大和ハウス、大和証券、ＳＥＣＯＭ、カルビー等の日本を代表する大企業の経営者の方々です。

２０１４年はどうだったでしょうか。なんと20人中20人が後半に最高値と答えました。全員です。驚きの結果です。２０１３年は20人中16人が、「前半安く、後半高い」と答えています。

まとめると、２０１５年は20人中17人、２０１４年は20人中20人、２０１３年は20人中16人が、その年の日経平均株価を「前半安く、後半高い」と答えているのです。この傾向は31年間、1回の例外もなく続いているのです。

繰り返しますが、回答している人たちは日本を代表する企業の経営者の方々です。経済の素人ではありません。

過去31年間にはバブル崩壊やＩＴバブル崩壊、サブプライムショック、リーマンショックと何度も大きな下落局面がありました。むしろ下落している期間のほうが長かったくらいです。それにもかかわらず、毎年「前半安く、後半高い」という予想が並ぶのです。

経営者は希望や期待をもちたがるという面もあるのでしょう。しかし性向は、経営者だけでなく、多くの一般の人もまた、資産運用に対する考え方にも当てはまるようです。積立投資の説明をする際は、お客様が「『短期的悲観・長期的楽観』をもっているだろう」という前提に立つのが重要なのです。

6 「値下がり安心」効果の目的

◆「値下がり安心」効果の目的は不安を安心に変えること

その前提に立ったうえで、「値下がり安心」効果を説明する目的を解説します。

このクイズを出す目的は、1つです。それは「短期的悲観を解消するため」です。ほとんどの投資家が無意識にもっているであろう「値下がりの不安」を払拭して、「安心感」をもってもらうために使うのです。

積立投資の場合、値下がりは「口数」を買い込むチャンスになります。ですから、「下がったらこわいですよね。だから積立投資なんですよ。下がることがチャンスになりますからね」といって、不安を安心感に変えてもらうことが、「値下がり安心」効果のグラフを使う最大の目的なのです。

◆値上がりの相場観が一般的だが……

通常、個別株式や投資信託を販売する時、どのような話をするでしょうか。たとえば、証券会

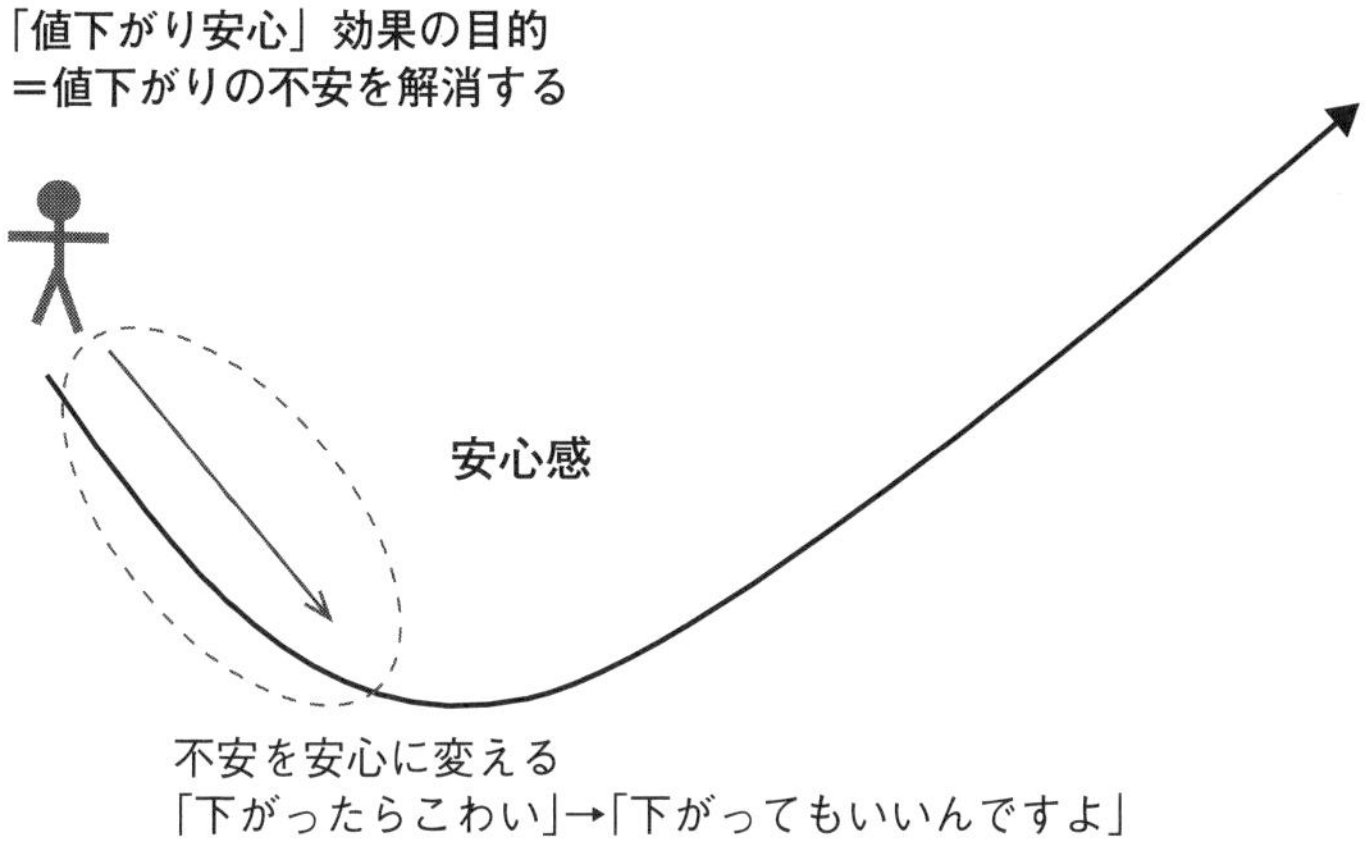

「値下がり安心」効果の目的
＝値下がりの不安を解消する

安心感

不安を安心に変える
「下がったらこわい」→「下がってもいいんですよ」

社の営業担当者が個別株式を買ってもらう際には次のようなトークをします。

「最新スマホに、このA社のタッチセンサーが採用されることになりました。相当売上げが伸びると予想されます……」「世界の電気自動車のモーターの約○割をこのB社がシェアを握っています……」「この円安で外国人旅行者数が過去最高を記録したことを受け、C社が展開するホテルの稼働率が過去最高を記録しています……」

これらはすべて「値上がりの相場観」です。「いま、その株式を買うと上昇する」というシナリオを話します。そしてお客様の投資意欲を掻き立てて、購入してもらうのです。

しかし、この「値上がりの相場観」は大変です。幸い予想が当たって、購入後すぐに株が上がったら、一度利益を確定して売却してもらい、次の銘柄を提案します。

仮に予想が外れてしまったら、「申し訳ないけど損切りしてください。かわりにこの銘柄がお勧めです。理由は……」という感じで、次の銘柄に乗り換える提案をするでしょう。そうして、常に値上がりの相場観（シナリオ）を語るのが、よくある証券会社の株式営業です。

この種の提案は高いスキルが求められますし、神経も使います。証券会社で長年キャリアを積んだベテランなら平気かもしれませんが、そうでない人にはかなりハードです。

◆積立投資は値下がりのシナリオ

積立投資の販売の場合、買ったらすぐに価格が上昇するかのような「値上がりの相場観」は不要です。むしろ逆で、「値下がりのシナリオ」を話します。

「値下がり安心効果」に沿って、「下がったらこわい」という不安を払拭して安心してもらうことに集中すればいいのです。

下がった時の不安さえ解消できれば、みなさんの話を聞いたり、セミナーに来られたりする方は、資産運用について長期的楽観をもっているわけですから。後は将来の成長期待を確認する程度でいいのです。

「値上がりの相場観」による営業は、お客様の意識をコントロールして、購買意欲を掻き立て

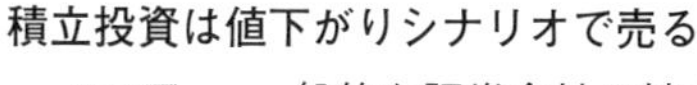
積立投資は値下がりシナリオで売る

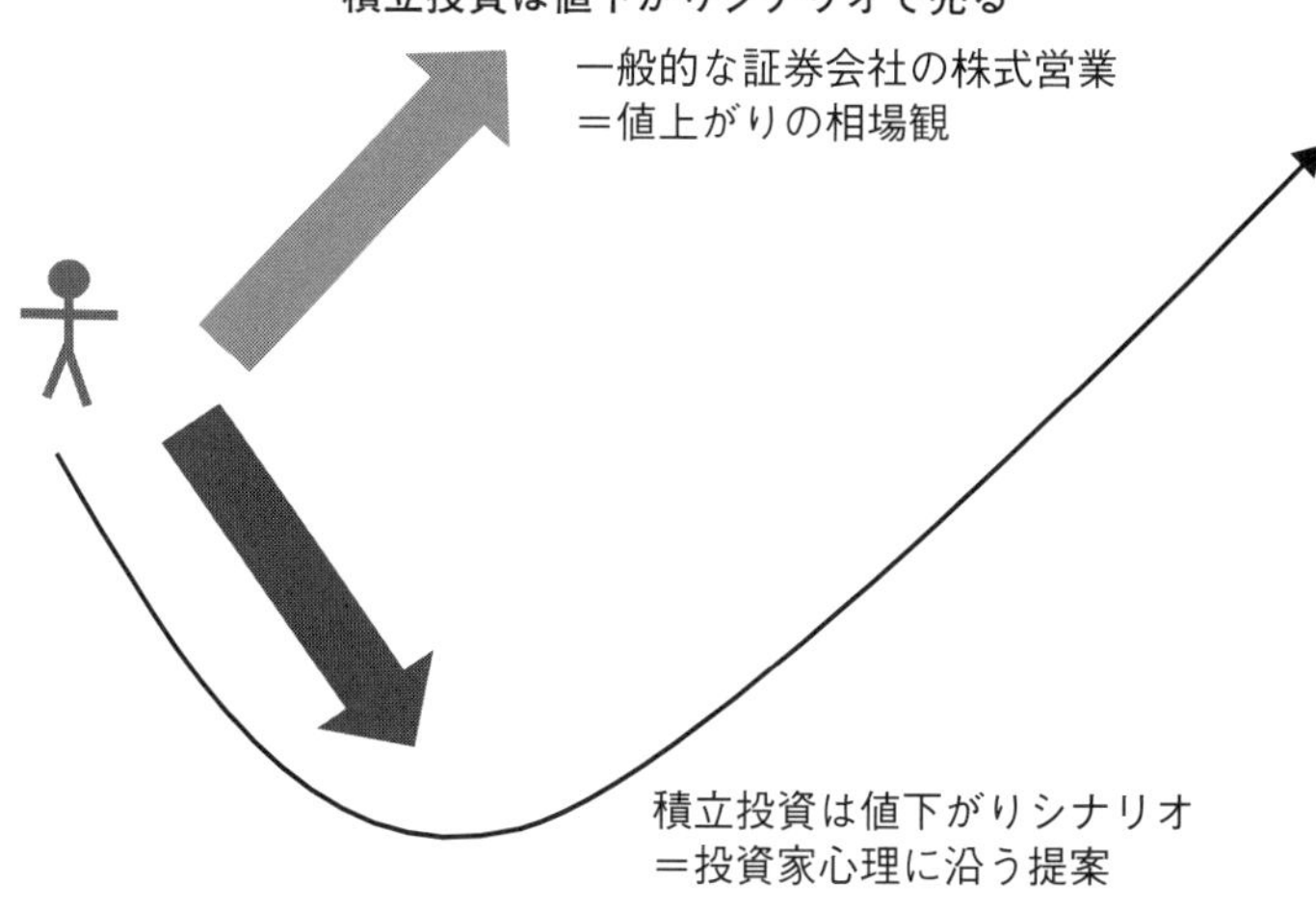
一般的な証券会社の株式営業
＝値上がりの相場観
積立投資は値下がりシナリオ
＝投資家心理に沿う提案

るアプローチです。一方、積立投資の「値下がりのシナリオ」による営業はお客様の潜在意識に寄り添い、不安の解消をお手伝いするアプローチです。お客様が短期的悲観・長期的楽観をもっていたら、きわめて自然な流れになります。

また、「値上がりの相場観」による営業の結果は、担当者が相場観を語るスキルに依存し、属人性が高くなります。熟練した担当者ほど、洞察力の深い相場観を語ることができます（ただし、それが当たるかどうかは別問題ですが）。その域に達した人材を育成するには長い時間と労力を要します。

それに引き換え、積立投資の「値下がりのシナリオ」は、パターン化・テンプレート化が可能です。いつだれでも、同じ内容を話せます。ですから、人材を育成し、多くの営業店に配置することも簡単なのです。

◆わざわざ「値下がり安心」効果を伝える意味

わざわざクイズを出したりしないでも、将来の不安を煽ったり、複利効果などで期待を高めれば、積立投資の販売は可能です。

では、なぜ、わざわざグラフを使って説明するのでしょう。それは、積立投資のファンになってもらうためです。

人は自分の思い込みがよいほうに外れたとき、視野が広がって嬉しい気持ちになります。それが感動的であれば、だれかに話したくなります。いままでお客様が経験したり想像していた投資とはまったく違うと納得できれば、それだけでファンになってもらう可能性が高まるのです。そして積立投資の値下がりのシナリオをお客様が理解し気に入ると、その内容を、お友達に自慢げに話してくれます。

第1章でも触れましたが、積立投資は非常に紹介を得るのが簡単です。ただ、それには前提があり、積立投資の必要性だけでなく、そのおもしろさ(興味深さ)も理解していることが前提になります。その両方がそろってはじめて、口コミにつながるのです。

積立投資の説明は本書で解説しているとおり、テンプレート化できます。あなたがお客様に説明した内容を、そのまま口コミしてくれたら、とても嬉しいですよね。

しかも、販売した後のフォローの手間もお客様の納得度合いによってまったく異なります。大きな期待値だけみせて成約した場合、マーケットが下がるたびに、お客様は不安になって問合せをしてきます。対応を誤ると、クレームや解約の泥沼です。もちろん紹介も起きません。

積立投資の特徴を理解している人は、下がっても安心して続けられますし、メリットを感じれば、お友達に口コミしてくれます。

積立投資を伝えるときに、ほかの投資にはない特徴を、わかりやすく・おもしろく・興味深く説明して、お客様に小さな感動をプレゼントしてみましょう。その一手間によって、後々のご紹介の数や質、フォローの労力がまったく変わってきます。

7 行動するために絶対に欠かせないもの

◆定量価値と定性価値

ここで、1つ重要な話をします。それは、「安心感」の重要性です。少し抽象的になりますが、とても大切なのでじっくり読んでください。

積立投資は、「定性価値」の宝庫

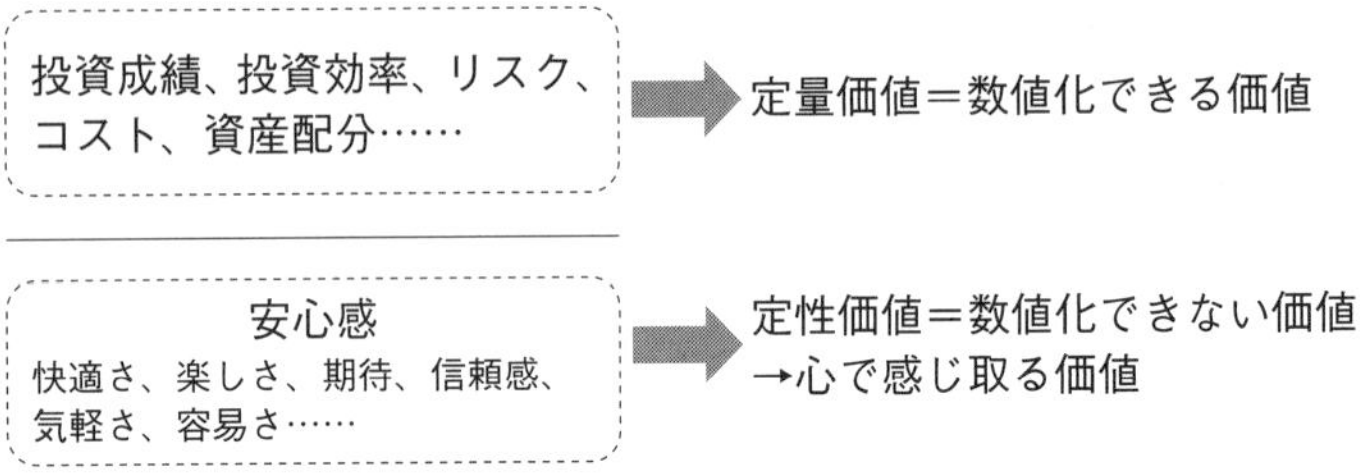

投資成績、投資効率、リスク、コスト、資産配分……	➡	定量価値＝数値化できる価値
安心感 快適さ、楽しさ、期待、信頼感、気軽さ、容易さ……	➡	定性価値＝数値化できない価値 →心で感じ取る価値

資産運用の説明において、次のようなキーワードがよく出ます。「投資成績、投資効率、パフォーマンス、リスク（ボラティリティ）、コスト、資産配分（アセットアロケーション）……」。

これらはすべて数値化できる価値です。「この投資信託は年率○％で運用されてきた」「この投資信託のリスクは○％で低めだ」「この投資信託のコストは○％で安い」という具合です。

数値化できる価値は、「定量価値」といいます。「定量価値」はたしかに重要なのですが、それが意味をもつにはある前提が必要になります。

それは「安心感」などの数値化できない価値、「定性価値」の存在です。心で感じ取る価値です。安心感以外にも、「期待感」「快適さ」などもあります。

この「定性価値」がないと、「定量価値」は意味をもちません。なぜ、「定量価値」の前に「定性価値」が重要になるのでしょうか。

◆無料の新築マンションに住む気になるか

あなたがいま住みたいところを想像してください。職場のすぐ近くや、駅のすぐ近くでしょうか。そんな便利な場所にある日、突然100階建てのマンションが出現したと想像してみてください。昨日の夜までなかったのに、朝そばを通ったら、100階建てのマンションができているのです。見上げてみると心なしか高層階が風で揺れている気がします。

そのマンションに賃貸入居者募集の張り紙が貼ってありました。なんと家賃は「無料」です。つまり、コストはかからずに、その魅力的な立地にある新築の高層マンションに住めるのです。

さて、ここで質問です。あなたはそのマンションに住みたいですか。

ほとんどの方が躊躇するのではないでしょうか。理由は「安心」できないからです。たった1日で建った100階建てマンションの耐震性や安全性は非常に疑わしい点があります。地震だけでなく、台風や強風・豪雨にも耐えられるかわかりません。

「駅から徒歩2分」「家賃無料」「新築（築0年）」という価値は、「定量価値」です。数値化できて、物差しで計ることができます。このマンションは、「定量価値」は最高です。立地も便利ですし、新築ですし、お金もかかりません。

しかし、それだけでは人は行動しないのです。「そこに住んでも安心だ」という確証がもてない限り、そのマンションに引っ越す人は限られるでしょう。人は金銭的なメリットや定量価値だけでは、行動をしないのです。行動するには、経済的な便益や定量価値よりも、まずは「安心」できるなどの「定性価値」が重要になります。

◆無料の焼肉屋に行きたいか

もう1つ例をあげます。「完全無料の焼肉屋さん」が近所にオープンしました。オープニングキャンペーンで期間限定の無料ではありません。開業後ずっと無期限で無料だというのです。はたして、この焼肉屋は流行るでしょうか。

おそらく、多くの人が敬遠するでしょう。普通に考えて、お肉が無料になることはありえません。何かしらの理由があると考えるのが普通です。

これも先ほどのマンションと同じです。価格が無料ということだけとれば、コストパフォーマンスは最高です。いくら食べてもお金がかからないわけですから。しかし、それでもこのお店には入りづらいでしょう。理由は、先ほどと同じです。「安心感」がないからです。どんなに安くても、安心して食べられなければお客様は来ません。

◆定性価値が満たされるのが重要

このように、人が行動する時は、「定性価値」が重要です。安心感や、期待感（それをすることでどう変われるか）、快適さ（それをすることでストレスがかからないか）などです。それらの定性価値は目にみえませんし、数値化することもできません。

この安心感などの「定性価値」が十分満たされたと考えられた時に、はじめて「定量価値」が意味をなすのです。1日で建ったマンションに「住んでも安心だ」と確証がもてた時、はじめて駅近や家賃無料などの定量価値が輝き出します。完全無料の焼肉屋のお肉を「食べても安心だ」と確証がもててはじめて、いくら食べても無料という「定量価値」が魅力になります。

このように、まず「定性価値」をしっかりとお客様に伝えないと、「定量価値」を魅力に感じてもらえませんし、意味をもたないのです。

資産運用に当てはめて考えてみましょう。資産運用のパンフレットなどには、先ほどあげた定量価値（投資成績、投資効率、パフォーマンス、リスク（ボラティリティ）、コスト、資産配分（アセットアロケーション）等）がよく登場します。

たしかに、これらの価値は重要です。しかし、定量価値ばかり伝えても、なかなか行動にはつながりません。

これまで金融業界は定量価値の訴求ばかりしてきました。商品の実績や投資効率、分配金、コストなどです。しかし、それだけでは日本人はなかなか行動しませんでした。

投資の初心者の人に積立投資を伝えるときは、まず「安心感」をしっかりともってもらうことに注力しましょう。そして、「これなら私にもできそう」という感覚をもってもらってから、定量価値を伝えるとさらに効果が出るのです。

8 アメリカ人と積立投資

一口に定性価値といってもさまざまなものがあり、「安心感」だけではありませんし、お国柄によって大切にされる価値は異なります。たとえば資産運用大国のアメリカ人は日本人ほど投資において安心感を重視していないように思われます。アメリカの投資に関する文献を読み漁りましたが、投資の安心感を訴求するための図表などがほとんど見当たりません。

そのかわり、アメリカの人たちは投資信託に対して、強い「期待感」や「信頼」をもっています。次頁のグラフをご覧ください。

これは、アメリカの投資信託協会がまとめた「アメリカ人で投資信託を保有している世帯に行った意識調査の結果」です。約8割以上の世帯が投資信託に対し、信頼をもっていることがわ

米国投資家の投資信託への信頼

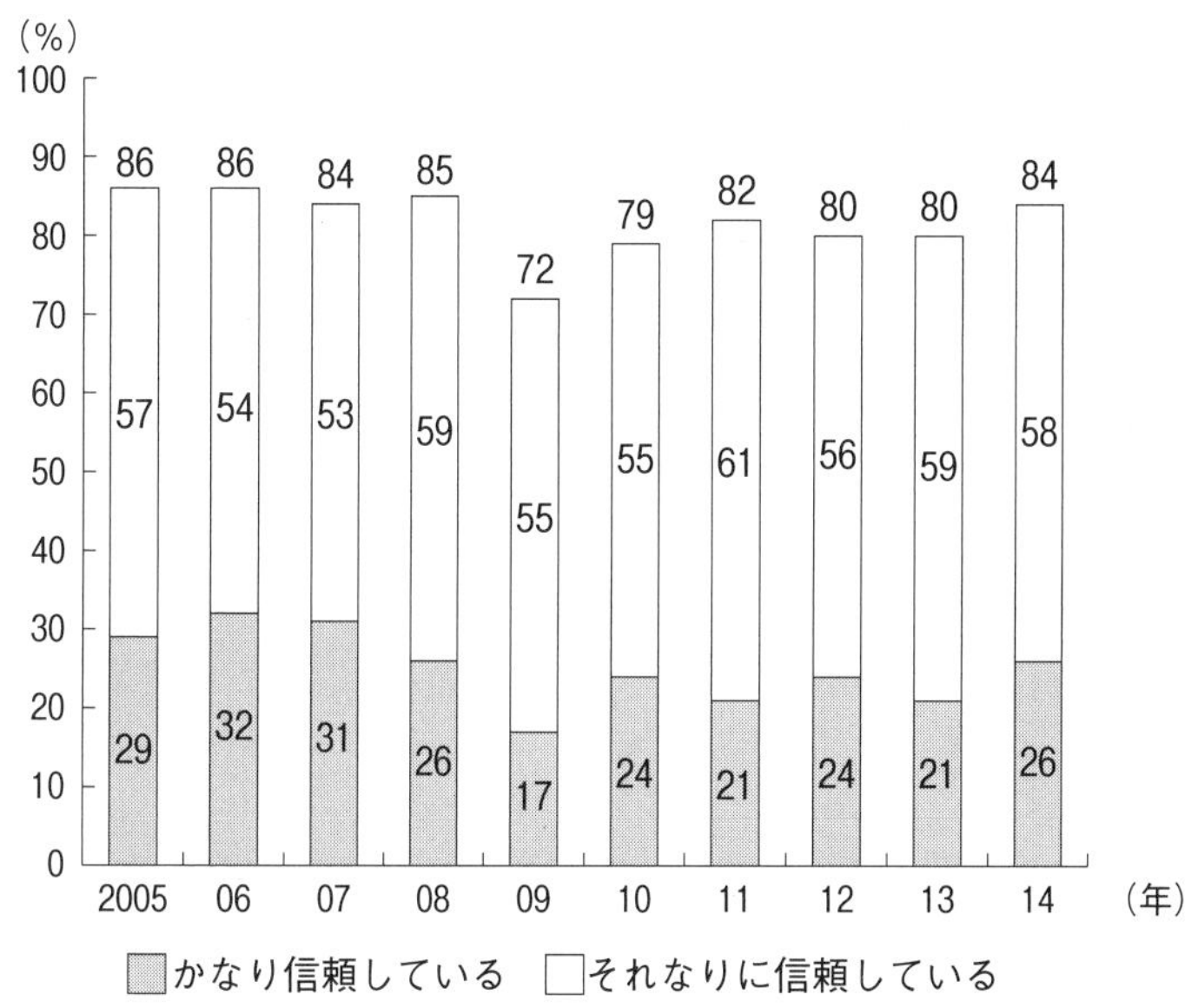

（出所）　米国投資信託協会より筆者作成

かります。

この調査は2005年以降、毎年行われています。棒グラフの上半分の数値は「やや信頼をもっている世帯」の数値です。2005年から2014年の期間、一貫して50％を超えています。棒グラフの下半分の数値は、「非常に信頼している世帯」の数値です。この調査期間で20％を下回ったのは2009年の一度きりで、毎年20％から30％程度の数値を維持しています。

上の「やや信頼をもっている世帯」と、下の「非常に信頼している世帯」を合計した数値が棒グラフの上の数値です。２００９年、２０１０年を除いて、80％を超えていることがわかります。アメリカで投資信託を保有している人たちは、投資信託に対し、信頼をもっていることがわかります。

特に注目していただきたいのは、２００９年と２０１０年の数値です。２００８年9月15日にリーマンブラザーズの経営破綻をきっかけに、全世界で株価が大幅に下落するリーマンショックが起きました。ところがその翌年と翌々年でも、７割以上の世帯が、投資信託に自信をもっています。日本ではこの時、「１００年に1度の経済危機！」「資本主義の終焉！」「世界経済沈没！」など悲観的な記事や番組があふれていました。そんな投資にとって強いアゲインストの風が吹いているときでも、アメリカでは7割の投資家（世帯）が、しっかりと信頼を持ち続けていたのです。

つまり、アメリカでは「投資信託はもっておいたほうがよい」という「期待感」や「信頼」という定性価値が広く浸透しているのです。ですから、定量価値も意味をもちやすくなります。

日本の投資家に「投資信託に対する信頼」のアンケートをとるとどうなるでしょう。私の想像ですが、信頼できるという世帯は5割にも満たないと思います。

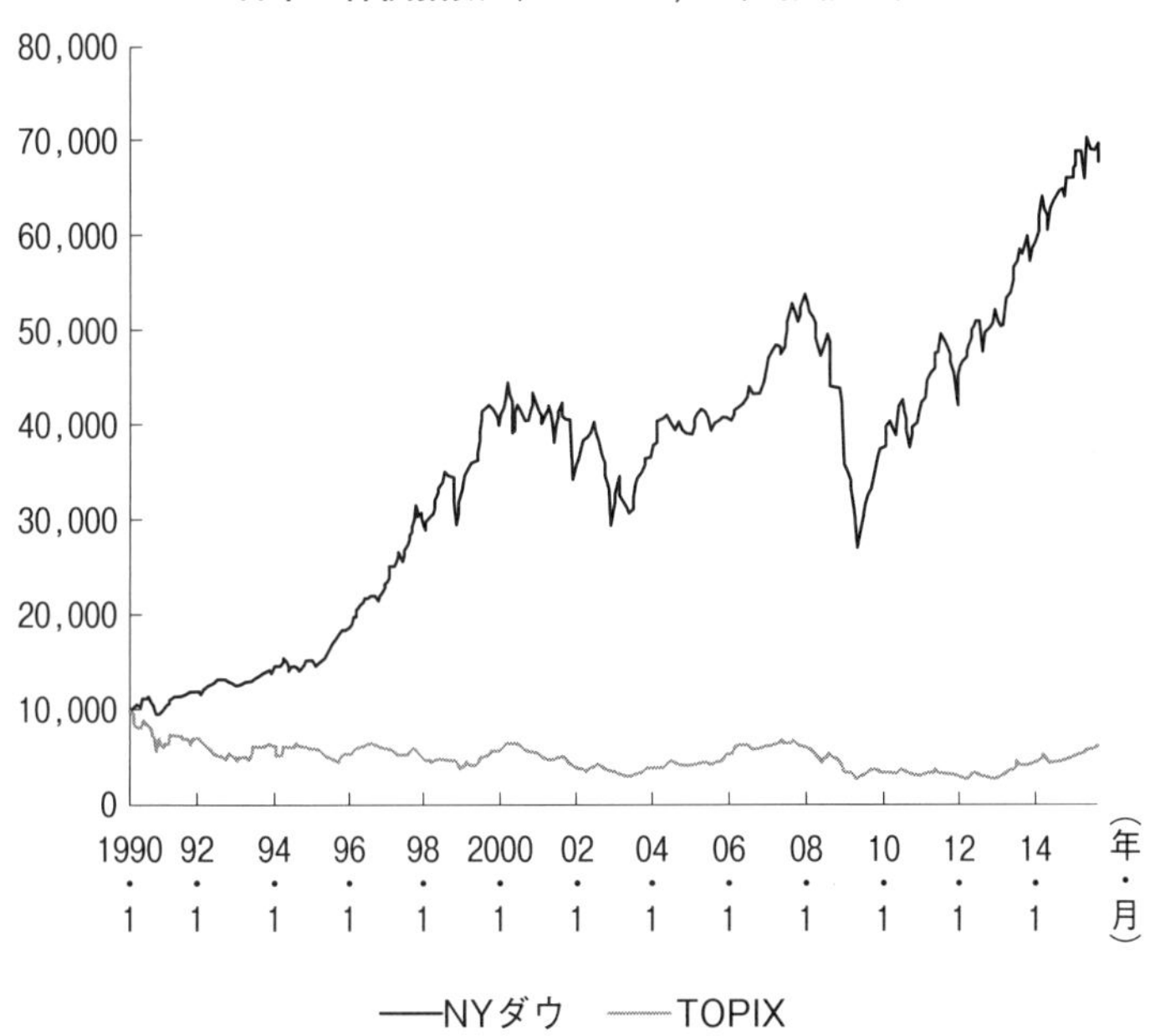

◆アメリカ人が投資信託を信頼する理由

なぜ、これだけアメリカの人たちは投資信託を信頼しているのでしょうか。それは環境面の違いが大きいと思います。上のグラフをご覧ください。

これは1990年以降の日米株価の推移です。日本株は40％下落する一方、米国株は7倍以上に上昇しています。

アメリカの投資家は、この間多くの成功体験を積んだ人が多かったと推測できます。成功する人が増えることで、「私も真似しよ

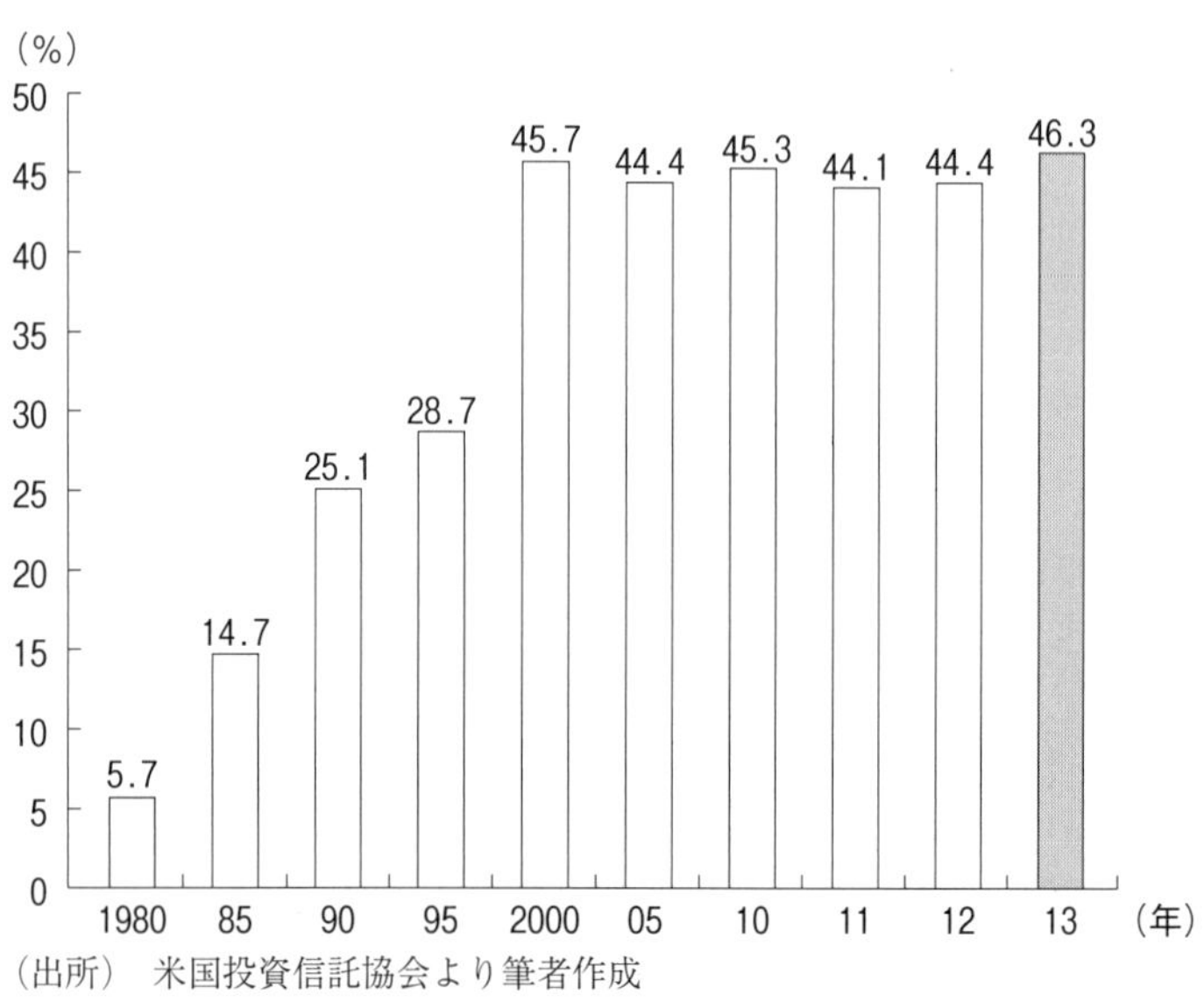

（出所）　米国投資信託協会より筆者作成

う」「あなたもやったほうがいいわよ」というよい口コミなども広がりやすくなるでしょう。

◆積立投資が築いたアメリカの投信市場

実はアメリカでは、昔はいまほど投資信託が広がっていませんでした。上のグラフはアメリカでの投資信託を保有する世帯数とその比率を示しています。

１９８０年の時点ではたったの５・７％の世帯しか投資信託をもっていませんでした。数にすると４６０万世帯にすぎません。

その後、１９８０年代→90年代→

２０００年代と着実に投資信託の保有比率は高まっています。そして２０１３年時点で、アメリカの世帯の46・３％、５３２０万世帯で投資信託を保有するまで浸透しました。

この流れの根底にあるのは、積立投資にほかなりません。確定拠出年金と、ＩＲＡ（Individual Retirement Account。私的年金）の普及がその原動力になっているのです。実際にいま、アメリカでは約６割の世帯で投資信託の積立投資を行っています。

翻って日本はこの期間、たくさんの苦い経験を積みました。日本の株価はアメリカとは対照的に下落しました。また一部の販売会社が、目先の手数料を求めて、回転売買を促し、結果的に資産を傷めた投資家も大勢いました。「投資＝損をしやすい博打のようなもの」というネガティブな印象をもつ人が多いのも、投資で成功した人より、失敗した人が圧倒的に多いからだと思います。この環境の違いが投資信託に対する信頼の差にあることはいうまでもありません。

◆「値下がり安心」効果は日本人だからこそ響く価値

だからこそ、日本人にはこの「値下がり安心」効果は響きやすいのです。過去に、投資環境に恵まれず、何度も下落を経験した人が多いからこそ、「値下がり安心」効果に価値があるのです。

私の見立てでは、日本人がアメリカ人のように投資信託に「信頼」や「期待」をもてるようになるまでには、あと20年から30年はかかります。アメリカのように積立投資が広まり、積立投資の成功者が出始め、それをみた人が「自分も積立投資で資産づくりをしよう」という流れができるには、それくらいはかかります。実際、アメリカも1980年代頃から少しずつ浸透し始め、2000年代から一気に投資信託の世帯普及率が40％を超えました。

そして、日本人がそういう状態になるためにも、この「値下がり安心」効果が重要だと思います。まだ日本人は投資信託への「期待」や「自信」をアメリカ人ほどもてません。まずは「安心感」を入り口に行動を促すのがいいと思います。

9 「値下がり安心」効果の応酬話法

「値下がり安心」効果の説明をする際によくある質問と、応酬話法を紹介します。

いちばん多いのは、「グラフに対するツッコミ」です。たとえば、「半値になっても利益が出る」と説明すると、「この価格変動カーブは恣意的なのではないか」というものです。

私の経験からいうと、そういうちょっと意地悪な質問をしてくる人は男性がほとんどです。この質問に、どのように答えるべきでしょうか。

答えは「はい。そのとおり」です。

そもそもこのクイズを出している理由を考えてください。積立投資の特徴を説明するためで

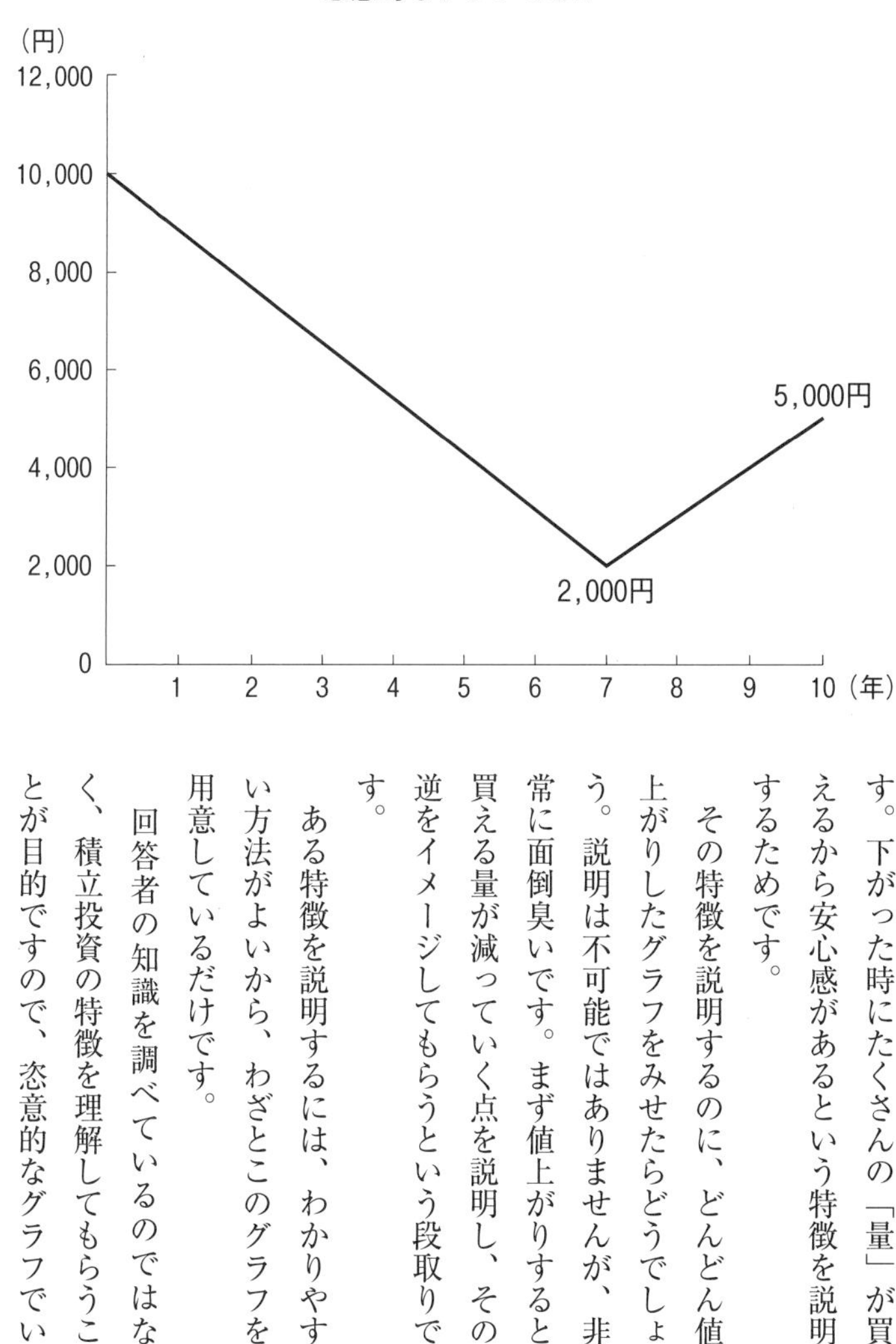

す。下がった時にたくさんの「量」が買えるから安心感があるという特徴を説明するためです。

その特徴を説明するのに、どんどん値上がりしたグラフをみせたらどうでしょう。説明は不可能ではありませんが、非常に面倒臭いです。まず値上がりすると買える量が減っていく点を説明し、その逆をイメージしてもらうという段取りです。

ある特徴を説明するには、わかりやすい方法がよいから、わざとこのグラフを用意しているだけです。

回答者の知識を調べているのではなく、積立投資の特徴を理解してもらうことが目的ですので、恣意的なグラフでいいのです。

同様に、「こんな直線的な値動きの商品はない」という意見にも同じ答えで大丈夫です。「もちろんそのとおりです。このグラフは積立投資の特徴を簡単に説明するために用いたものですから」と返しましょう。

「手数料や税金が考慮されている?」という質問もあります。それは考慮していません。「手数料は投資する商品によって異なります。税金も投資する商品や、タイミングによって異なります。ここではただ、「積立投資の特徴を理解してもらうのが目的です」と答えます。

一般的に資産運用の未来の説明は、利回り(%)という単位を用いて行われます。その手法は簡単でメリットもあるのですが、説明しきれない部分も出てきます。そこで私は、利回り(%)を使わないで金額の増減で説明できるように、グラフを考えました。

しかし、グラフで説明しようとすると、ある値動きを仮定して説明する必要があるので、どうしても恣意性はぬぐえないのです。ですから、恣意性があることは隠すのではなく伝えましょう。

それでも細かくイチャモンをつけてくる人は相手にしなくてもかまいません。こちらの説明を理解しようとするよりも、揚げ足をとることを楽しむ方は、運用を開始した後もいろいろと難癖をつけてくる可能性が大です。お客様がアドバイザーを選ぶように、アドバイザーもお客様を選ぶべきです。
応酬話法を身につけ、自信をもって積立投資の魅力を伝えてください。

「値下がり安心」効果のまとめ

◆「値下がり安心」効果のポイント

以上、「値下がり安心」効果について、説明しました。これはいちばん重要な特徴なので、私がグラフをつくった目的や意図、知っておいてほしい考え方などをいろいろな角度から解説しました。

最後に「値下がり安心」効果の説明のポイントについて整理しておきます。

積立投資の説明をする際は、お客様が「短期的悲観・長期的楽観」をもっているという仮説をもちます。

最初に、「値下がり安心」効果の説明で、投資家が潜在的・無意識的にもっている「目先、下がったら嫌だ」という不安の解消をお手伝いします。この「悩みの解決」が、「価値」であり、お客様自身の決断による投資行動につながるのです。「安心感」という定性価値を与えます。

そのために「投資の成績＝量×価格」の式を使います。いままでの「投資は下がったら損をする」という思い込みをもっている人には、「量」という新しい視点を得ることで、知的好奇心が刺激されます。

必要に応じて、1円まで値下がりするケースも説明します。これを深掘りすることで、さらに「安心感」と「興味」をもってもらえます。

ただし、値下がりを推奨しているわけではないと誤解されないように、補足しておきます。あくまで下がっても安心ということであって、基本的には投資なので中長期的に上昇したほうが望ましい点も説明します。積立投資の2つの鉄則です。

人間の脳は損に敏感という「損失回避」についても触れ、あなたが不安に感じたり、こわがることは自然なことと承認してあげます。

今度は「回復力」という視点で、積立投資の安心感を説明します。同じ内容ですが、違う視点でも確認することで、理解が深まります。

最後のまとめとして、積立投資は回復力もあり、下がっても安心だから、初心者の方でも始めやすいとまとめます。

「値下がり安心」効果の説明の流れ

1 お客様に投資は下がると損をすると思うか質問する。
2 「半値になっても」のグラフのクイズを出す。
3 積立投資の成績の式を解説する（投資の成績＝量×価格）。
4 再度、クイズに戻って、利益が出た理由を解説する。
5 必要に応じて、「1円まで下がったら」のクイズを出す。
6 積立投資の2つの鉄則についても触れておく。
7 脳の損失回避の特性を伝えてこわがるのは自然なことと伝える。
8 回復力の視点も説明し、さらに安心感を感じてもらう。
9 「値下がり安心」効果のまとめをする。下がっても安心＝回復力がある。

第3章

「リバウンド」効果の説明方法

1 「リバウンド」効果のクイズ

積立投資では、開始して価格が下落した後、反転して元に戻れば利益が出ます。これを「リバウンド効果」と呼びます。「リバウンド」効果を、第2章で説明した「値下がり安心」効果とセットでお客様に示すことは、積立投資の魅力を伝えるのに非常に効果的です。「リバウンド」効果を解説するポイントと、目的について解説します。

前回と同じようにクイズです。次頁のグラフをご覧ください。1万円からスタートし、5年間で2000円まで下落し、その後上昇して10年後に元の1万円まで回復した投資信託があります。10年間投資をして元の価格に戻るという値動きです。

この商品に毎月1万円ずつ10年間積立投資をした場合、10年後、120万円はいくらになるでしょうか。

【答え】　①132万円　②約180万円　③約241万円

正解は③約241万円です。この商品に積立投資をすると、投資金額は倍以上になりました。

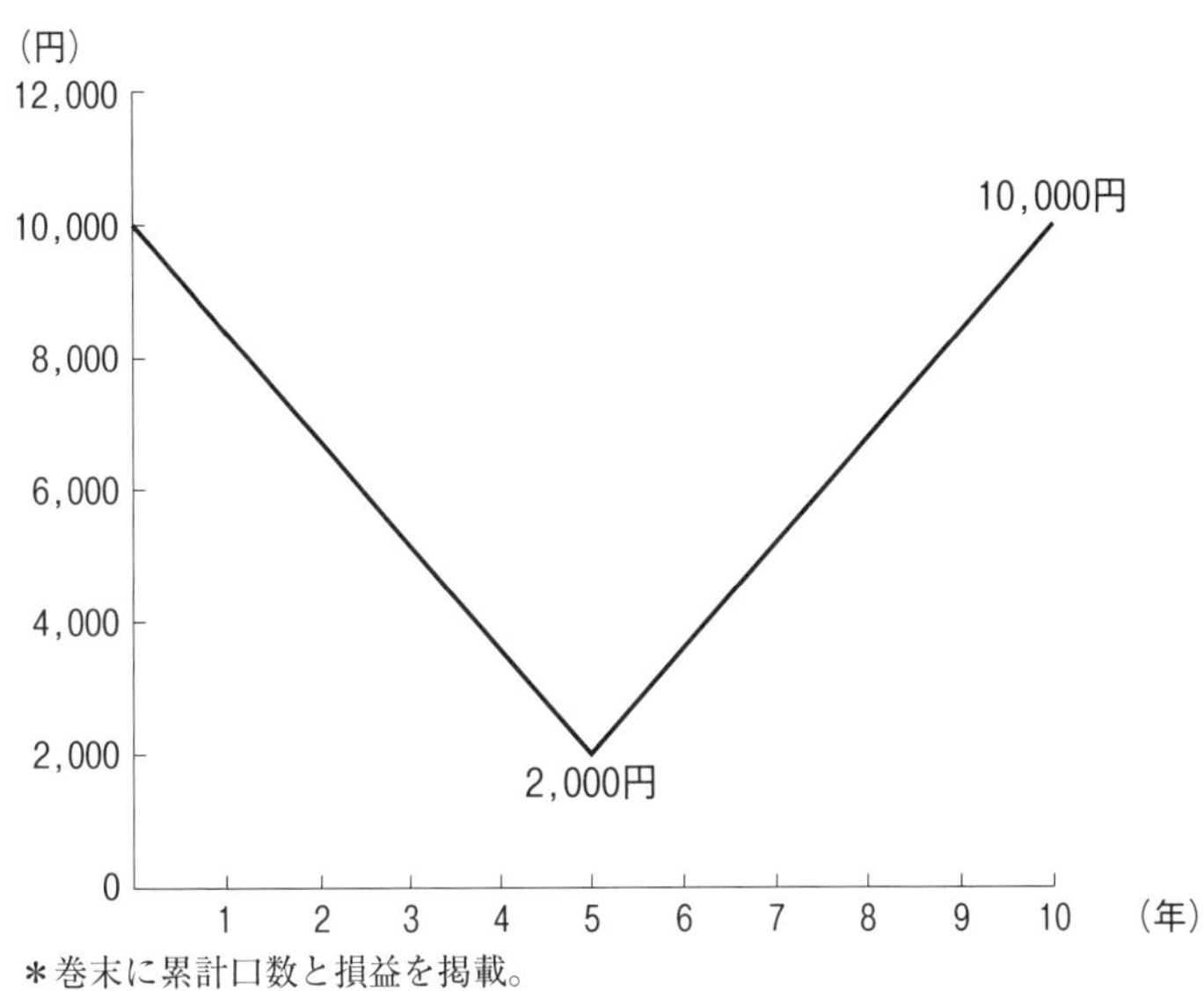

＊巻末に累計口数と損益を掲載。

元の価格に戻っただけで、利益が出ました。一括投資なら、いったん下落した価格が元に戻っただけならプラマイゼロで利益は出ません。これが積立投資の「リバウンド」効果です。

◆元に戻っただけで利益が出た理由

投資した商品が値下がりし、元に戻ると利益が出た理由をお客様に考えてもらいましょう。その時に重要なのは、例の式です。

投資の成績＝量×価格

今回も「値下がり安心」効果のときと同じように、値下がり期間にたくさんの「口数」を買い込めました。最後

成績＝量×価格
約241万円　大量　10,000円

の価格は1万円でしたが、下落時にたくさんの量を買い込んだので、「価格」が元に戻っただけで2倍になったのです。

このように、積立投資の場合、開始して下落した後、価格が元に戻れば利益が出ます。つまり、値下がりが「量」を買い込むチャンスになるのです。価格の下落期間は、将来の成長のために力を溜め込む期間といえます。

第2章「値下がり安心」効果では、下落時にたくさんの「量」が買えるため、少し戻れば回復しやすいので安心感があると説明しました。今回の「リバウンド」効果は、視線をもう少し先に延ばします。下落の後、少し戻れば成績が回復しやすいだけでなく、元の価格に戻った時に「利益」が得られることを伝えます。つまり、「期待」をもってもらうのです。

下落のときに「安心感」だけでなく、戻ったら利益も出るという「期待」ももてたら、下落局面に入っても自信をもって積立投資を続けることができます。

私がこれまでお会いしたお客様のなかには、せっかく積立投資を始めても、マーケットが下がり始めるとこわくなって積立てを中断してしまう方が大勢いました。本当にもったいないと思います。

積立投資は、価格が一度下がって元に戻った時に利益が出るという特徴をお客様に教えてさしあげましょう。

2 「リバウンド」効果を説明する目的

「リバウンド」効果を説明する目的を解説します。第2章で説明したとおり、資産運用を検討する人の多くは「短期的悲観・長期的楽観」の見通しをもっています。

「短期的悲観」とは、「そろそろ下がるかもしれない」という不安です。これを払拭するために、第2章で「値下がり安心」効果を説明しました。一方の「長期的楽観」とは、「中長期的には上昇しそうだ」という期待です。資産運用の将来に希望や期待をもたない人は、そもそも資産運用を検討しないでしょう。

ここで重要な点があります。それは、短期的悲観・長期的楽観をもっている人の頭のなかには、「下がった後、元に戻る」ポイントがあるという点です。

次頁の図をご覧ください。まず、短期的悲観によって、資産運用をした後、どこかでマーケットが下がるイメージをもっています。ただし、長期的楽観もあるということは、少しずつでも上昇していくイメージをもっているということです。

すると、その過程で、必ず元の水準に戻る時が来ます。ここがポイントです。将来、上昇する

長期投資家の心理

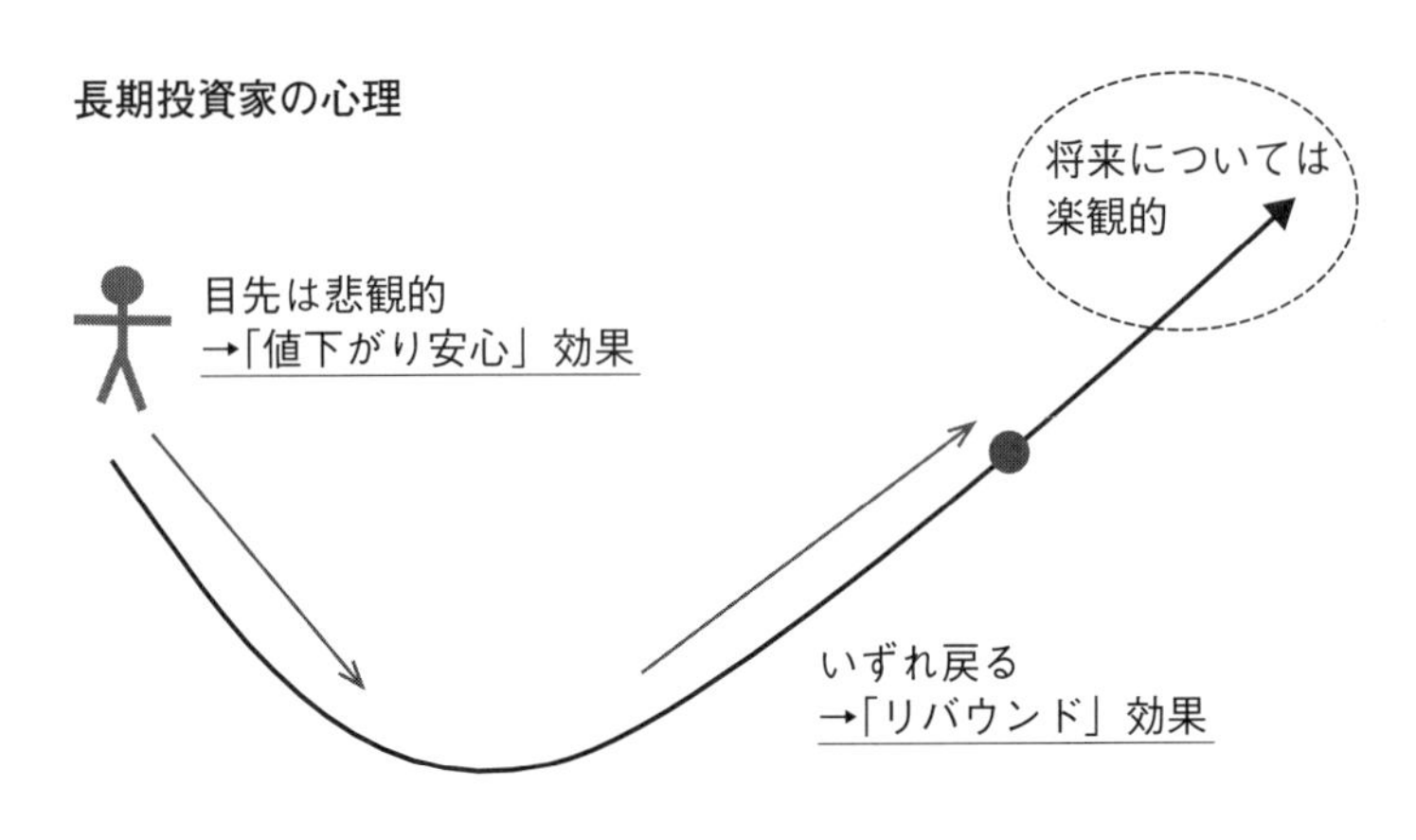

よりも先に、「元に戻る」ポイントが来ます。短期的悲観・長期的楽観をもっている人にとって、下がった後に「将来（最初の価格よりも）上昇する時」よりも、「価格が元に戻る」タイミングのほうが、時間軸で先に来るため、より確からしく思えるのです。

言い方を変えると、「投資した時点から値上がりする」よりも、「元に戻る」ポイントのほうが、価格が低くていいので、より実現しやすいと思えるのです。

つまり、短期的悲観・長期的楽観をもっている人であれば、下がった後に「元に戻る」という点については、「おそらく大丈夫だろう」と無意識のうちに思っているのです。

この「元に戻る時点」をイメージしてもらい、その時に利益が得られるというメリットを伝えるのが、「リバウンド」効果のグラフの目的です。元に戻るだけで「利益」が得られると知ると、多くの人は得した気分になります。

◆「値下がり安心」効果と「リバウンド」効果をセットで説明しよう

第2章で「値下がり安心」効果、本章で「リバウンド」効果の2つの特徴について解説してきました。

「値下がり安心」効果で安心感、「リバウンド」効果で期待感。これらの2つの特徴をセットで説明することで、不安を払拭した後の動機づけにつながります。

◆安心感と期待感は人の心を動かすのに必要

私たちがモノやサービスを購入する際、2つの要素を重視します。それは「安心感」と「期待感」です。

「安心感」とは、それを「買っても失敗しない」とか、「騙されない」「お金が無駄にならない」といった信頼と言い換えることができます。ショッピングをする際に、ランキングで上位の商品を選んだり、老舗と呼ばれる実績のあるお店で購入したり、レビューを参考にしたりするのも、自分の買い物が失敗しないために「安心」を得るための行動です。

「期待感」は、購入後の変化です。ビフォー／アフターです。その商品やサービスを購入する

安心感と期待感をもてるとき、人はお金を支払う

安心感		期待感		行動
・実績 ・頑丈さ ・信頼度 ・サポート ・レビュー等	＋	・お客様の声 ・ビフォー／アフター ・購入後のイメージ等	＝	・購入 ・申込み ・決断 ・振込み ・投資等

ことで、自分に起こるであろうプラスの変化へのワクワク感です。英会話スクールであれば、英語を流暢にしゃべれる姿、化粧水であればお肌がもっちりしっとりになるなど、その商品やサービスを使用した後に自分が得られるプラスの変化です。ビフォー／アフターの改善幅が大きければ大きいほど、感動が大きくなり、さらに行動を起こしたくなります。

人間がお金を支払うとき、この「安心感」と「期待感」が非常に重要です。ネットで販売されるほとんどの商品のセールスページが、この「安心感」を伝えるパーツ（販売実績や素材へのこだわり、生産者の想いなど）と「期待感」を伝えるパーツ（お客様の声など、体験者の声、ビフォー／アフター）を前面に出しています。

積立投資も同じです。「価格が下がったらこわい」という不安に対して、「下がっても大丈夫ですよ」と伝えて「安心」してもらうことが重要です。その役割を担うのが、「値下がり安心」効果です。

次に、下がった後に元の価格に戻るだけで利益が出るという「リバウンド」効果を伝えます。「値下がり安心」効果の流れで、値段が下

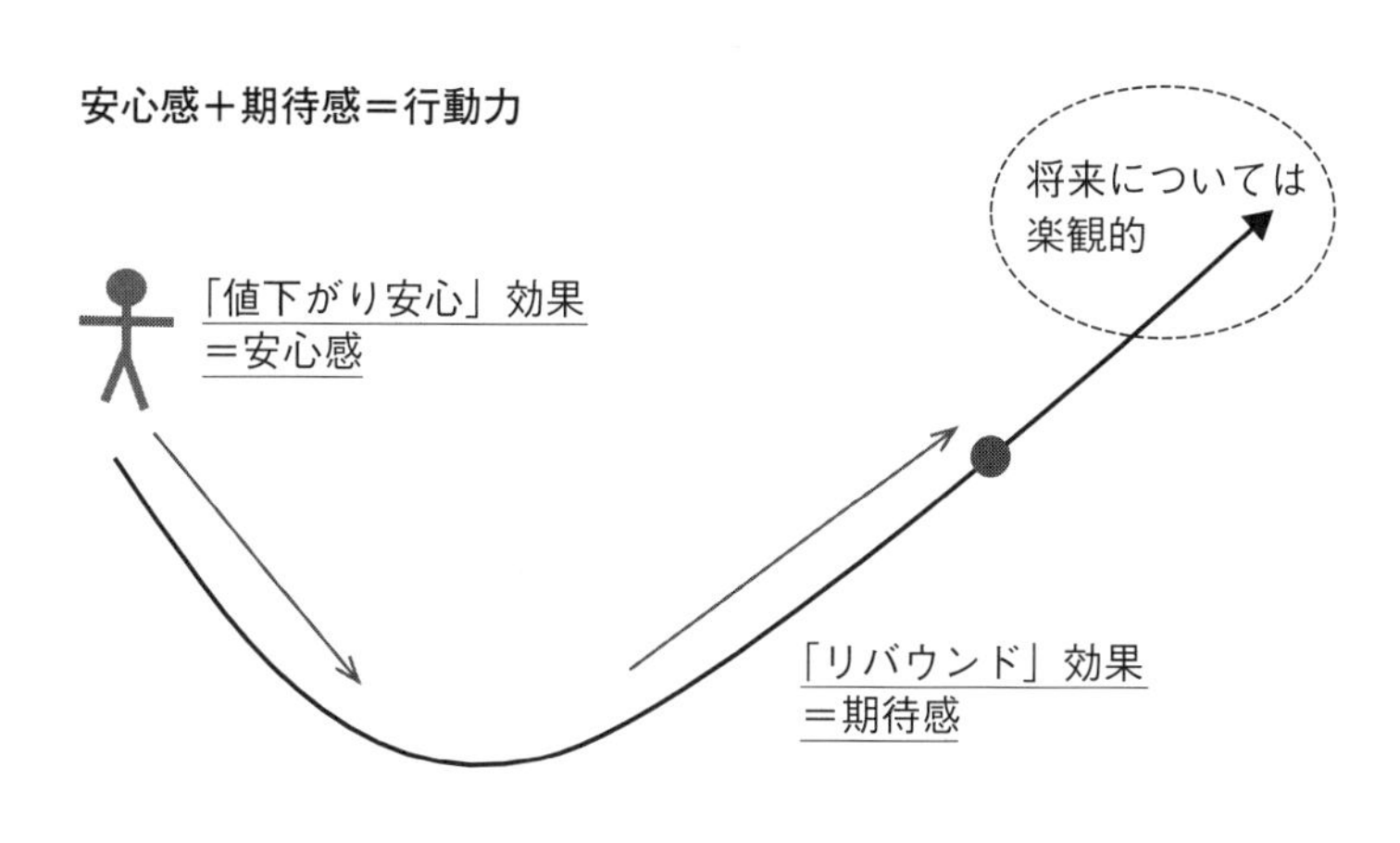

がる状況を想像してもらい、それが元に戻った時に「利益」が得られるという「期待感」をもってもらうのです。

積立投資でも「安心感」と「期待感」があると伝えることで、より行動につながる確率があがります。

「安心感」と「期待感」のいずれにも重要なのは、「確からしさ」と「再現性」です。教わっている情報が嘘ではない点と、それが自分を含め、だれがやっても同じ効果が得られるかどうかです。

その点、積立投資の場合の根拠は明確です。積立投資の成績の式です。「投資の成績＝量×価格」は、いつ始めても、だれが行っても同じです。個別の商品によって変化するものではなく、恒久的な法則です。ですから、説得力が出ます。

「安心感」と「期待感」の2つを話すことで、値下がりのシナリオへの説得力を高めて、心理的なハードルを下げます。「これなら私にもできそう」と思ってもらうことが重要です。

◆内発的動機づけを意識する

ところで、お客様に投資を勧める際、営業担当者は、「年金が足りなくなる」など不安を煽るような話から入りがちです。投資の目的を確認する程度で簡単に話すのはいいのですが、最初から最後まで不安を煽りすぎるとデメリットもあります。

不安を煽って行動を促すのは、外部から情報を与えて行動させるという意味から「外発的動機づけ」と呼ばれます。

たとえば、「年金が○○○○万円足りなくなる。だからこの運用成績がよい商品が必要だ」という話から入り、理詰めで販売した場合を想像してみましょう。

まず、運用を始めてから大きく値下がりしたり、いつまでも成果が出なかったりするとクレームにつながりやすくなります。

「あなたがよい商品といったんじゃないの!!」とどなられ、リレーションが悪くなる可能性も高まります。

そもそも購入の意思決定段階においても、そういうアプローチをされたお客様は、投資する商品のパフォーマンスばかりに目が行き、他の運用商品との比較をしたくなりがちです。「こちらの投資信託のほうがよさそう」と迷ったあげく、「あなたが勧めてくれた商品はあまりよくない」となることも珍しくありません。

不安を煽って販売するのは、一見簡単なのですが、その後の手間や労力が結構かかるものです。また紹介にもつながりません。自分が本当に気に入って始めたというより、不安を煽られてよく考えないまま始めてしまったと後悔する側面もあるからです。

◆内発的動機づけ→外発的動機づけの順番を意識する

人は買い物をするときに、自分に対する言い訳を探します。「Aがどうしてもほしいから Aを買う」というだけでなく、「Aは体にいいらしい」「Aは世の中のためにもなる」「Aは頑張った自分へのご褒美」「Aは仕事にも使うことがあるから」という具合です。人は欲求のままにお金を支払うことをうしろめたく思う心理が働くのです。お金を支払い、買うことを正当化する理由を探すのです。

ですから、クイズで興味喚起ができた状態で、「積立投資は将来の自分年金づくりに必要だ」「自分年金をつくらないと将来困る」など必要性の話を加えることで、お客様が自分を納得させる大義名分になります。

外発的動機づけの話が最初から前面的に強調されると、その「説得感」に対する反発も誘発しがちです。「ある目的のためにAが必要だ。その根拠は……」という説明は「売り込まれている感」が強まり、「私を騙そうとしているんじゃないかしら」と不信感や警戒心を生む原因につながります。そういう説明は、後半にもってきたほうが威力を発揮します。

論理的にわかりやすい話と、買いたくなる話は別です。わかりやすくその商品の必要性ばかり訴求したところで、人は行動に移してくれません。頭で理解しても、心が動かないとお金を出さないのです。

もちろん、説明の最初に、投資の必要性について確認する程度に軽く触れるのはいいと思います。その後はとにかく興味や関心をもってもらえるように内発的動機づけを心がけてください。そして、後半に、行動するべき理由として外発的動機づけを加えましょう。

積立投資の説明は、最初に「値下がり安心」効果で安心感を伝え、次に「リバウンド」効果で期待感をもってもらい、「おもしろいな」「こんな特徴知らなかった」と思ってもらえるように、知的好奇心を刺激しましょう。その後に、行動する理由として「年金不安」などの外発的動機づけの話をしてあげるのです。「いまお客様がおもしろいと思われた方法は、実は自分年金づくりの方法として世界中の人たちが実践しているんですよ。将来公的年金の受給に不安をおもちでしたら、始められてはいかがですか」というアプローチです。

いままで知らなかった投資の特徴を学び、その必要性を理解してから積立投資をスタートしてもらうことで、紹介につながりやすくなります。値下がり時のフォローも楽です。不安を煽って販売するのは一見簡単なのですが、その後のこともかんがみると、内発的動機づけ→外発的動機づけの順番を意識して、説明しましょう。

3 積立投資の定性価値の説明

第2章「値下がり安心」効果で、定性価値の重要性を説明しました。人が行動するには、数値化できる定量価値だけでなく、定性価値が重要なのです。この「リバウンド」効果の場面でも、2つの視点で積立投資の定性価値を伝えましょう。

◆一括投資との心理的な違い

(1) 一括投資で値下がりは我慢の時間

積立投資と一括投資では値下がり時の心理的負担がまったく異なります。その点を説明します。

先ほどのクイズと同じ商品に、最初にまとめて120万円を投資し、途中の価格で下落期間も

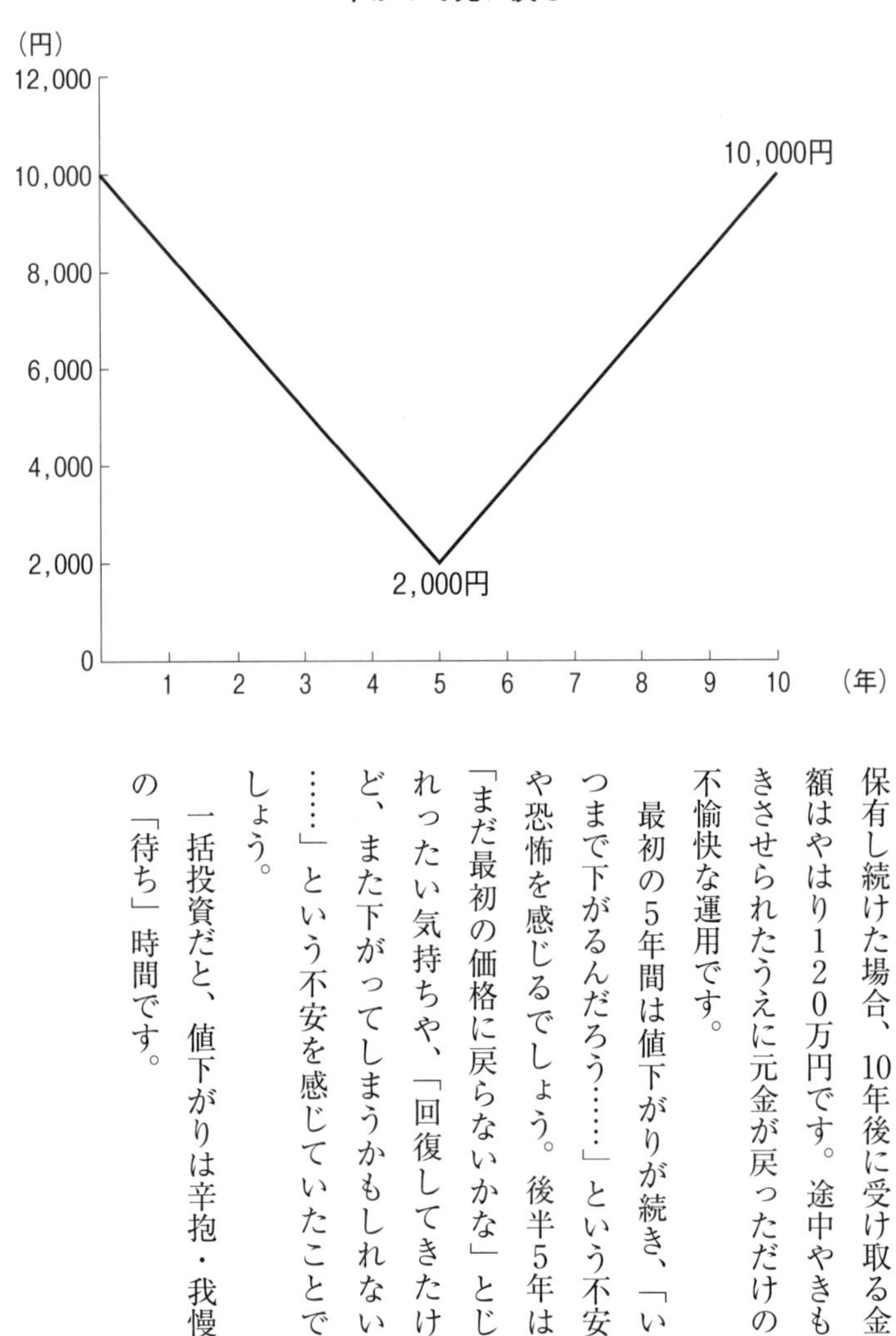

下がって元に戻る

保有し続けた場合、10年後に受け取る金額はやはり120万円です。途中やきもきさせられたうえに元金が戻っただけの不愉快な運用です。

最初の5年間は値下がりが続き、「いつまで下がるんだろう……」という不安や恐怖を感じるでしょう。後半5年は「まだ最初の価格に戻らないかな」とじれったい気持ちや、「回復してきたけど、また下がってしまうかもしれない……」という不安を感じていたことでしょう。

一括投資だと、値下がりは辛抱・我慢の「待ち」時間です。

(2) 積立投資で値下がりは成長する時間

一方、積立投資の場合はどうでしょうか。値段が下がる前半は、「量」を買い込むチャンスです。デパートのバーゲン状態です。定価から10%OFF、20%OFF、30%OFF……と下がっていき、50%OFFまで行きます。これは安く買い込む大チャンスです。

その後、マーケットが上昇に転じます。すると、まず上昇してから1年ほど経過したところで、赤字が黒字になります。赤字から脱出するのです。これで一安心します。

さらにその後も上昇が続くと、どんどん利益がふくらみます。積立投資の式を思い出してください。まず、下落期間にたくさんの「量」が買い込まれます。その後、値上がりするということは、「価格」が上昇するということです。大量に買い込んだ「量」を評価する「価格」も上昇するので、投資の成績を決める2つの要素が、それぞれ上昇することになります。

ですから、積立投資は値下がりの後に、レバレッジが効いて価額（価格×量）が上昇するのです。そして、今回のケースでは、元の価格に戻っただけで、投資金額とほぼ同じ利益が得られて、投資金額の2倍の成績になりました。

積立投資の場合、値下がりの局面は、成長する時間になります。口数をどんどん買い込み、力を蓄える期間です。それは一括投資の下落局面とはまったく異なり、チャンスとしてポジティブにとらえることができます。

つまり、積立投資の場合の値下がりの局面は、その後相場が上昇したときに成長するための「準備期間」になります。

通常、苦しく辛抱の時とされる投資の「値下がりの局面」が、積立投資家にとっては将来の資産成長を加速させる絶好の機会になるのです。

近年、サブプライムショックやリーマンショック、ギリシアショックなど頻繁に大きな下落が起きています。このような相場のクラッシュは今後も必ず起こります。

しかし、積立投資なら、値下がり時は「口数を買い込むチャンス」になるので、相場の下落時でもストレスなく続けることができます。

(3) 積立投資に対する好意性を上げてもらう

社会心理学者の権威で、アリゾナ州立大学教授ロバート・チャルディーニ氏は、世界的名著『影響力の武器』のなかで、人に影響力を与える6つの要素の1つに「好意性」をあげています。人は基本的には、自分が好きなものを買うのです。

私たちは物事を主観というフィルターを通してみます。たとえば、リンゴがあるとします。そのリンゴをみるときに、単なる「リンゴ」ではなく、○○な「リンゴ」としてみます。〝お

私たちは主観を通してみている

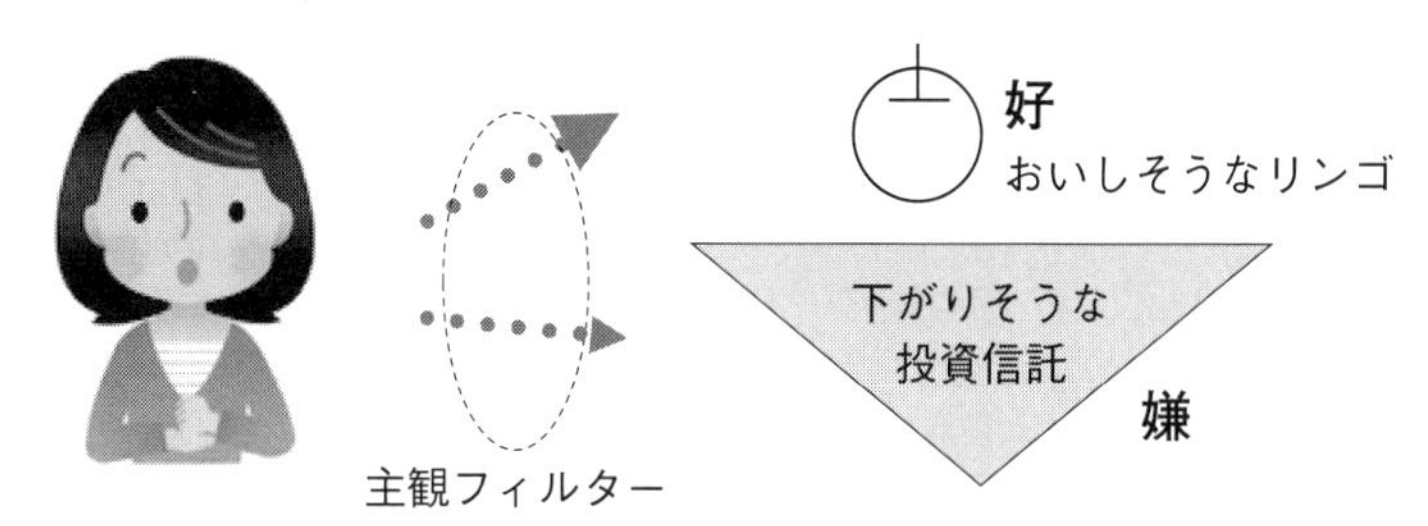

いしそうな〟リンゴ、〝真っ赤な〟リンゴ、〝おいしくなさそうな〟リンゴというように、主観を通してみます。

この主観が重要で、好意的なフィルターを通すと、対象物のさまざまな特徴がよいようにとらえられます。好きなものであれば、研究やリサーチも苦痛ではありません。好きなもののためなら、多少の労力は厭わないでしょう。恋は盲目といいますが、好きな人の欠点は、それもが好きにみえてしまうというのは典型的な好意性の罠です。

第2章で説明したとおり、アメリカ人は投資信託に対して圧倒的な信頼を寄せています。つまり、投資信託に対して多くの人が「好意性」をもっているのです。

逆に、日本人の多くは投資信託や投資に対して「好意性」をもっているとはいえません。どちらかというと、否定的な主観をもっている人が多いと思います。

だからこそ、積立投資を説明する際に、クイズやピンチをチャンスに変えるエピソードで、好意性をもってもらうことが重要なのです。そして、このピンチをチャンスに変えるエピソードは、「好意性」をもってもらうのに非常に効果的です。

私はセミナーなどで、シドニーオリンピックのマラソンで金メダルをとった高橋尚子選手の座右の銘をよく紹介します。

「リバウンド」効果の説明をしたら、「ここでみなさんに紹介したい言葉があります」といって、ホワイトボードに次の言葉を書きます。

「花の咲かない寒い日は、下へ下へと根をはやせ。いずれ大きな花が咲く」

そして、次のように続けます。「この言葉は高橋選手の師匠といえる小出監督が贈った言葉です。高橋選手がなかなかタイムが伸びず、苦しんでいた時期がありました。そんな時、小出監督がこの言葉を贈り、高橋選手はその言葉を胸に刻み、毎日必死にトレーニングをしたそうです。ハードなトレーニングをしながら、1日2000回の腹筋もしたようです。そういう地道な努力で力が蓄えられ、シドニーオリンピックの本番で、金メダルという快挙を成し遂げました。

積立投資も同じです。値下がりすることに意味があるのです。値下がりする時に、たくさんの量を買い込むことで、その後に上昇したところで一気に花が開くのです」

この話をすると、ほぼ毎回、会場全体が妙に重い雰囲気になります。感動というと大げさですが、「じーん」と来ている感じです。

そして次のように続けます。「みなさんも、これまで生きてこられて、お仕事やご家庭、お友達との人間関係などで、いろいろなピンチの場面や大変な場面もあったと思います。でも、そういう時に頑張ったことで、乗り越えられたこともあったと思います。むしろ、そういう時に、人間として成長するのではないでしょうか。

積立投資も同じです。一見、ピンチにみえる時に成長するのです。積立投資は値下がりに意味があるのです。それを乗り越えることで、成長するのです。積立投資は人生に通じる投資方法なのです！」

参加者の人にも自分のピンチをチャンスに変えた体験と照らし合わせてもらい、それと同じですよと伝えます。

このように積立投資の説明をするとき、「ピンチがチャンスに変わる」エピソードもあわせて伝え、「好意性」をもってもらえるようにしましょう。そうすると、値下がり時はピンチではなくチャンスであると、ポジティブにとらえてもらえます。

◆積立投資は快適な投資

「リバウンド」効果の説明時に、もう1つの定性価値を解説します。値下がり時がチャンスになるということは、値下がり時に「ストレスが少ない」という視点です。この「ストレスが少ない」「快適さ」という点は非常に重要な「定性価値」です。

積立投資や資産運用は、長く続けるものです。趣味でもダイエットでも人付合いでも、長く続けるコツは何でしょうか。

それは「快適さ」です。私たちは不快なことを長く続けたくありません。快適なことなら、継続できます。

(1) 資産運用は基本的にストレスを抱えること

以前も説明したとおり、人間の脳は損失に過敏です。それゆえ、資産運用をして、値下がりが続くと、「いつまで下がるのだろう」と不安が続きます。75頁のグラフのような商品の場合、積立投資の特徴を知らない人は、前半の5年間は値下がりが気になり後悔し続けることになります。

また、値下がり後に上昇に転じたらどうでしょうか。今度は「また下がるのではないだろうか」という不安や、「まだ戻らないのか」といううじれったさとの戦いが始まります。

結局、積立投資の「値下がり安心」効果や、「リバウンド」効果を理解していない人は、資産運用において常にストレスを抱えるのです。

よく株式投資で損をしやすい人の傾向として、「利益は小さく、損失は大きく」売買してしま

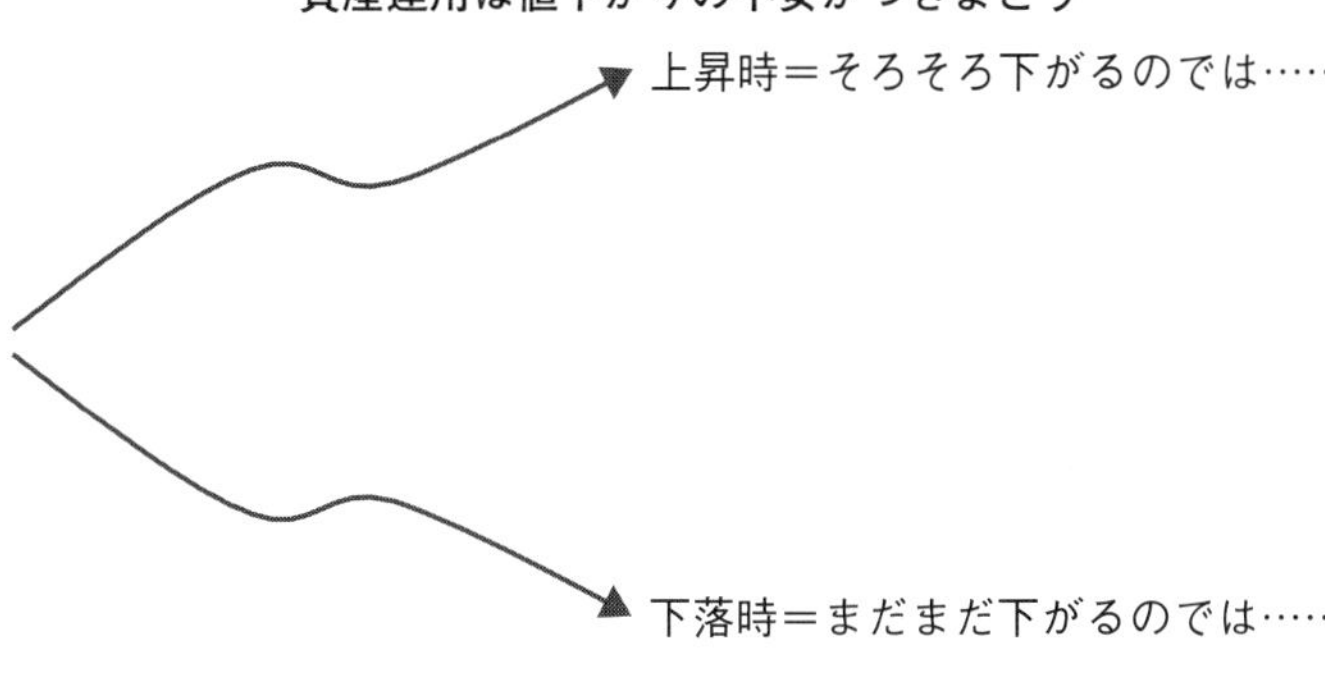
資産運用は値下がりの不安がつきまとう
上昇時＝そろそろ下がるのでは……
下落時＝まだまだ下がるのでは……

うことがあげられます。こういう人は値上がりしているときは、後で下がるのが嫌なので早めに利食いして利益を確定したくなります。

逆に損が出ているときは、それ以上損失をふくらませたくないので我慢し、それでも我慢しきれないところで下がった時に、ようやく損切りする傾向があります。ここでも損失回避の心理が働くのです。

下がったときにすぐに損切りできないのは、行動心理学でいうところの「一貫性の法則」も影響しています。私たちはある意思決定をしたときに、自分の下した決定をすぐに取り下げるのを嫌がります。自分がいったこと（行ったこと）と矛盾するのを嫌がるのです。

前出した社会心理学者のロバート・チャルディーニは、この「一貫性」も人の判断に多大な影響力を与えると『影響力の武器』のなかで説明しています。私たちは無意識のうちに、「発言や行動に一貫性をもつこと」「筋を通すこと」を善とすると刷り込まれているのです。だから、投資した後に下がっても、すぐに損切りをするのが嫌でズルズル保有し続けてしまうというわけです。

このような理由で、資産運用において短期売買を繰り返す投資家は、本人の意思とは逆に「利益は小さく、損失は大きく」確定する方向に動く傾向があります。それは投資家が常に不安と戦っているからです。利益が出ていても「下がるのが嫌」で、損が出ていても「さらに下がるのが嫌」なのです。

しかし、積立投資の「リバウンド」効果を理解すれば値下がりへの反応はまったく違うものになります。一般的には辛く苦境と思われている値下がりの局面が、「量」を買い込むチャンスになります。たしかに、値下がりの局面において、積み立ててきた資産の評価額が減り赤字になることもありますが、その後、価格が上昇すれば一気に評価額は回復します。

それが理解できると、資産運用において、「値下がり途中のストレス」や、「値下がりから上昇するまでのストレス」が減ります。

下がったら「量」を買えるチャンスとしてポジティブにとらえ、戻り始めたら、それまでに買い込んだ量の評価が高まり、どんどん評価額が上昇していくようすを楽しめます。

つまり、積立投資の「リバウンド」効果を理解することで、資産運用に伴う「不快さ」が減り、「快適さ」が生まれるのです。

この快適さは非常に重要です。資産運用とは長期間行うものです。私たちは何事であれ不快なものを持ち続けたくありません。洋服だって、いくら安いからといっても、自分に似合わないものは好んで買わないでしょう。自分に似合わないと思う洋服は、着るどころかハンガーにかかっているのをみるだけで「なぜこんなものを買ってしまったのか」と不愉快になります。

資産運用でも、損得以前に、快適かどうかが重要です。積立投資はほかの投資方法にはない快適さがあるのが大きな魅力なので、「リバウンド」効果の説明の時に、視点を変えて「快適さ」も伝えましょう。

快適に続けられるということは、続ける過程も「安心感」があるということです。積立投資は安心して始めて、安心して続けられる投資手法なのです。

(2) 積立投資は定性価値の宝庫

自戒を込めて書きますが、これまで金融業界は、このような「定性価値」を伝える努力が足りなかったと思います。投資成績、投資効率、コスト、資産配分など数値化できる「定量価値」の訴求をする一方、投資家の心理に立った訴求は少なかったと思います。

たしかに、それらの定量的な話は重要です。ただ、第2章でも述べましたが、定量的な価値が意味をもつには、「安心感」や「期待感」「快適さ」「続けやすさ」「ストレスのなさ」などの「定

積立投資は、定性価値の宝庫

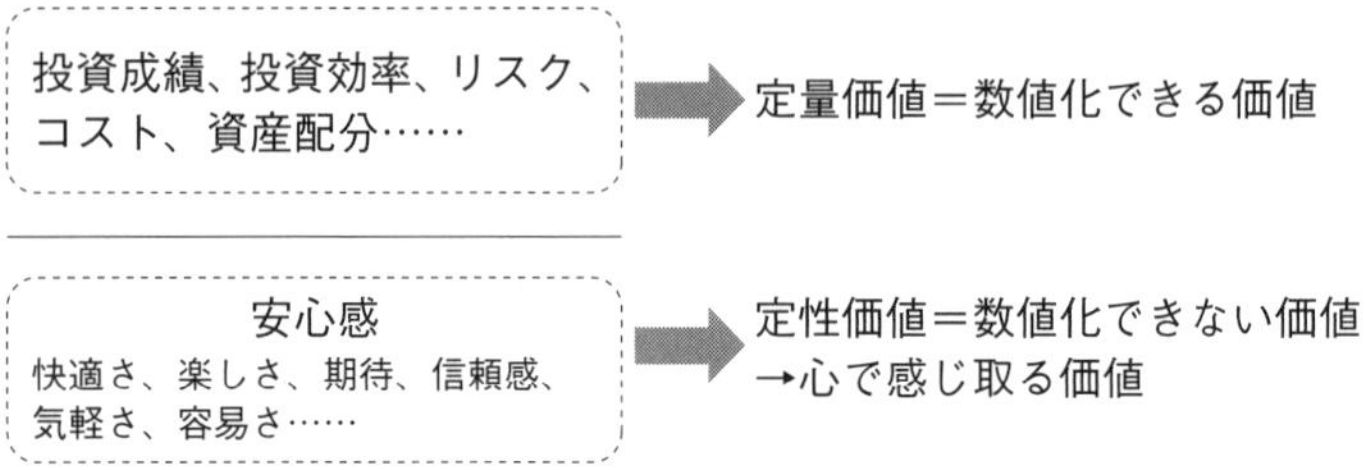

投資成績、投資効率、リスク、コスト、資産配分……	➡	定量価値＝数値化できる価値
安心感 快適さ、楽しさ、期待、信頼感、気軽さ、容易さ……	➡	定性価値＝数値化できない価値 →心で感じ取る価値

性的な価値」が重要になります。

この「定性価値」を感じ取ると、「定量価値」がよりしっかりと伝わります。不安を煽り、「定量価値」の話だけで顧客化することは可能です。しかし、そういうお客様からは口コミでの紹介は生まれません。そこで終わりです。常に新規先を追わないといけません。

そうではなく、お客様自身が好意をもち、自分でも「これならできる。おもしろそうだし、自分の将来のためにもやってみたい！」と自発的に動機づけできるほうが、口コミの紹介が生まれやすくなるというのは、本書で何度も述べているとおりです。

4 「リバウンド」効果の説明の手順

◆「リバウンド」効果の説明のポイント

本章の最後に、「リバウンド」効果の説明のポイントと手順をまとめます。

「リバウンド」効果は、第2章の「値下がり安心」効果の流れで説明します。短期的悲観・長期的楽観を前提とすると、値下がりの後に、将来値上がりする前に必ず「元に戻るポイント」が来ます。そのポイントで利益が得られるという「期待感」をもってもらうのが、「リバウンド」効果の目的です。

「値下がり安心」効果で「安心感」と、「リバウンド」効果で「期待感」をあわせて伝えることで値下がりのシナリオへの説得力を強化します。

人はピンチをチャンスに変える話が好きです。積立投資もピンチをチャンスに変える投資方法ととらえてもらい、「好意性」をもってもらいます。

また、積立投資の「快適さ」も説明して、ストレスが少ない投資方法として説明します。そうすることで、続けるときも安心感が得られるのです。

「リバウンド」効果の説明の流れ

1　「値下がり安心」効果の続きで「リバウンド」効果のクイズを出す。
2　元に戻っただけで利益が出た理由を解説する（投資の成績＝量×価格）。
3　一括投資と比べて、積立投資は値下がりをチャンスととらえやすいと話す。

4　ピンチをチャンスに変えるストーリーを話し「好意性」をもってもらう。

5　積立投資はストレスが少ない快適な投資と話す。

6　まとめに、積立投資は安心して始められ、安心して続けやすいと話す。

第4章

積立投資の鉄則

1 長期的楽観の確認作業

◆積立投資の説明のステップ3

これまで積立投資の「値下がり安心」効果と、「リバウンド」効果について説明してきました。この2つは短期的悲観・長期的楽観に基づいて説明するときに非常に重要です。まず、ステップ1の「値下がり安心」効果で、値下がりの不安を安心に変えます。ステップ2の「リバウンド」効果で、元に戻ったときの期待を伝えます。ステップ3ですべきことは、長期的楽観の確認作業になります。これもステップ2と同じ期待を伝えるのですが、より大きな期待を伝えるプロセスです。

ステップ2で伝えた「期待」は、「どんなに価格が下がっても投資したときの価格に戻れば利益が得られる」という守りの意味での期待でした。一方、ステップ3で伝える「期待」は、将来の老後資産をつくるための「期待」です。長い時間をかけて、数百万〜数千万円の資産をつくる大きな期待について説明します。

資産運用のセミナーに参加したり、みなさんの話を聞くお客様の心理として、潜在的に投資家

積立投資の説明の３ステップ

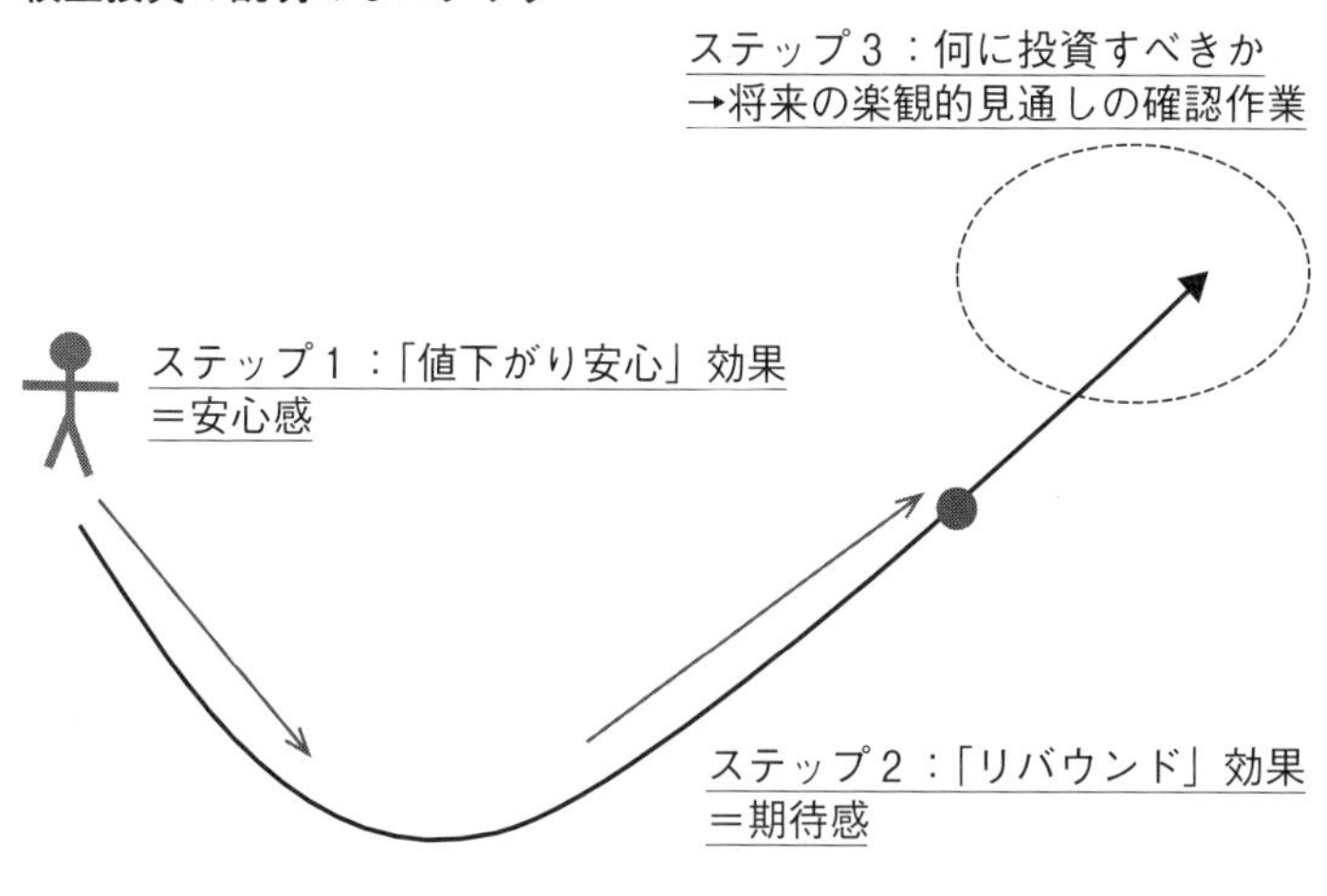
ステップ３：何に投資すべきか
→将来の楽観的見通しの確認作業
ステップ１：「値下がり安心」効果
＝安心感
ステップ２：「リバウンド」効果
＝期待感

が抱いている長期的楽観について、説明しました。その長期的楽観は正しく、預金に寝かせておくよりはよい成果が期待できる点を伝えます。

そのために、「積立投資の鉄則」を説明します。それは、世界の株式市場全体に積立投資をすることです。

ほとんどのお客様は、世界経済自体が成長していることに気づいていません。また、今後も成長が期待できる点を知りません。そこを説明して、資産運用の将来に対して、自信をもってもらうのです。

本章では、積立投資の説明の３ステップの最後になるステップ３の長期的楽観のサポートについて説明します。

◆説明の3ステップを肉づけをしていく

簡潔に積立投資の説明をしたいとき、積立投資の3ステップを軸にするのが効果的です。もし手元に資料がなくても、「値下がり安心」効果と「リバウンド」効果のグラフは手書きでも簡単に説明できます。

セミナーや面談などでより詳しく積立投資について説明したい！　積立投資の説明の3ステップを補完し、肉づけするクイズや説明のポイントについては、第5章、第6章で解説します。その部分に関しては、少しグラフの数が増えたり、説明が複雑になる面もあります。ただ、その分、積立投資について濃い説明をすることができます。より厚みのあるプレゼンテーションをする参考にしてください。

2　積立投資の鉄則とは

◆積立投資は最後に上がっていればよい

おさらいを兼ねて積立投資の鉄則について説明します。積立投資は中長期的にみて、最終的に

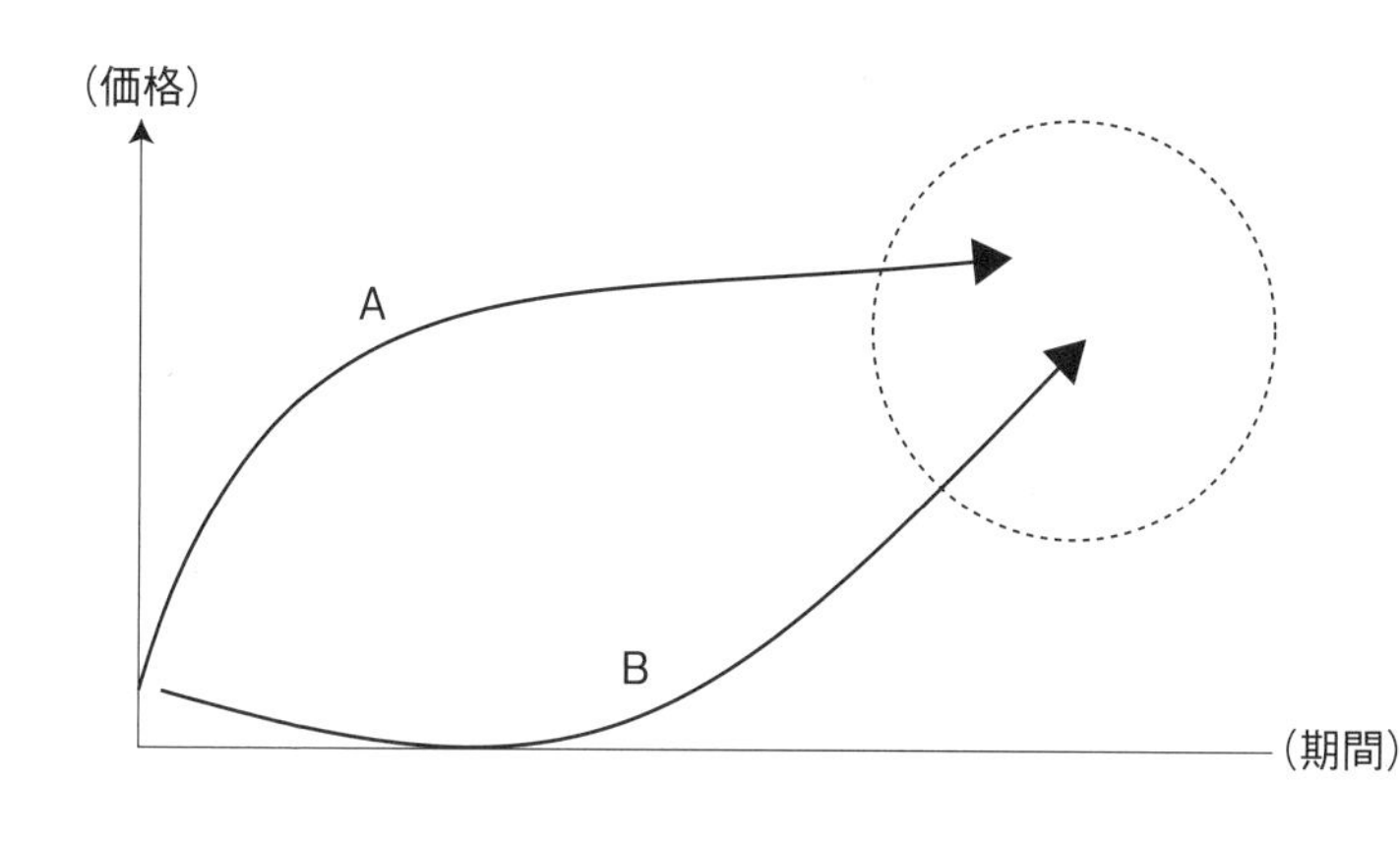

上昇していれば、ほとんどのケースで利益が出ます。ですから、中長期的に上昇が期待できる資産に積立投資をしていくのが、いちばん重要です。このポイントを外さなければ、10年、20年、30年と積立投資をして、大きな失敗をする確率はかなり限定的になります。

上の図をご覧ください。これは投資信託の値動きのイメージです。理想をいえば、Bのような動きが理想です。ただ、積立投資はいくら下がってもいいとはいえ、投資に慣れていない方や、あまり自信がない人にとっては、Bはこわいと感じることでしょう。

積立投資の場合、Aでも利益が期待できます。大きな利益をねらわないのであれば、Aでもかまいません。

積立投資はさまざまな勝ち方が存在する投資方法です。途中、値下がりしても、最終的に元の価格よりも上昇していれば勝てる投資ですし、逆に値上がりから入ってもしかりです。

積立投資で最も重要なのは、最終的に上昇していることなのです。序盤から中盤はいくら下落してもかまいません。

つまり、積立投資では目先の値上がりよりも、中長期的に上昇が期待できる資産に積立投資をすることが大切です。

◆世界経済の成長に投資する

中長期的に成長が期待できる資産とは何でしょうか。答えは「世界株式」です。つまり「全世界の株式」に分散投資をすることが積立投資の鉄則です。

「世界株式」を選択する理由を端的にいえば、今後も世界経済の成長が期待できるからです。

次頁の図をご覧ください。これは世界のＧＤＰ（国内総生産）です。

世界のＧＤＰとは、全世界で1年間に生み出される付加価値の合計金額です。１９８０年には、世界ＧＤＰの合計は10兆ドル（１０００兆円。1ドル＝１００円換算。以下同じ）でした。10年後の１９９０年には約20兆ドル（２０００兆円）になり、２０００年には約30兆ドル（３０００兆円）に成長しています。この間、10年ごとに10兆円（１０００兆円）ずつ世界経済は拡大してきたわけです。

日本のＧＤＰは年間約５００兆円です。日本はアメリカ、中国に次ぐ、世界第3位の経済大国

世界のGDPの推移

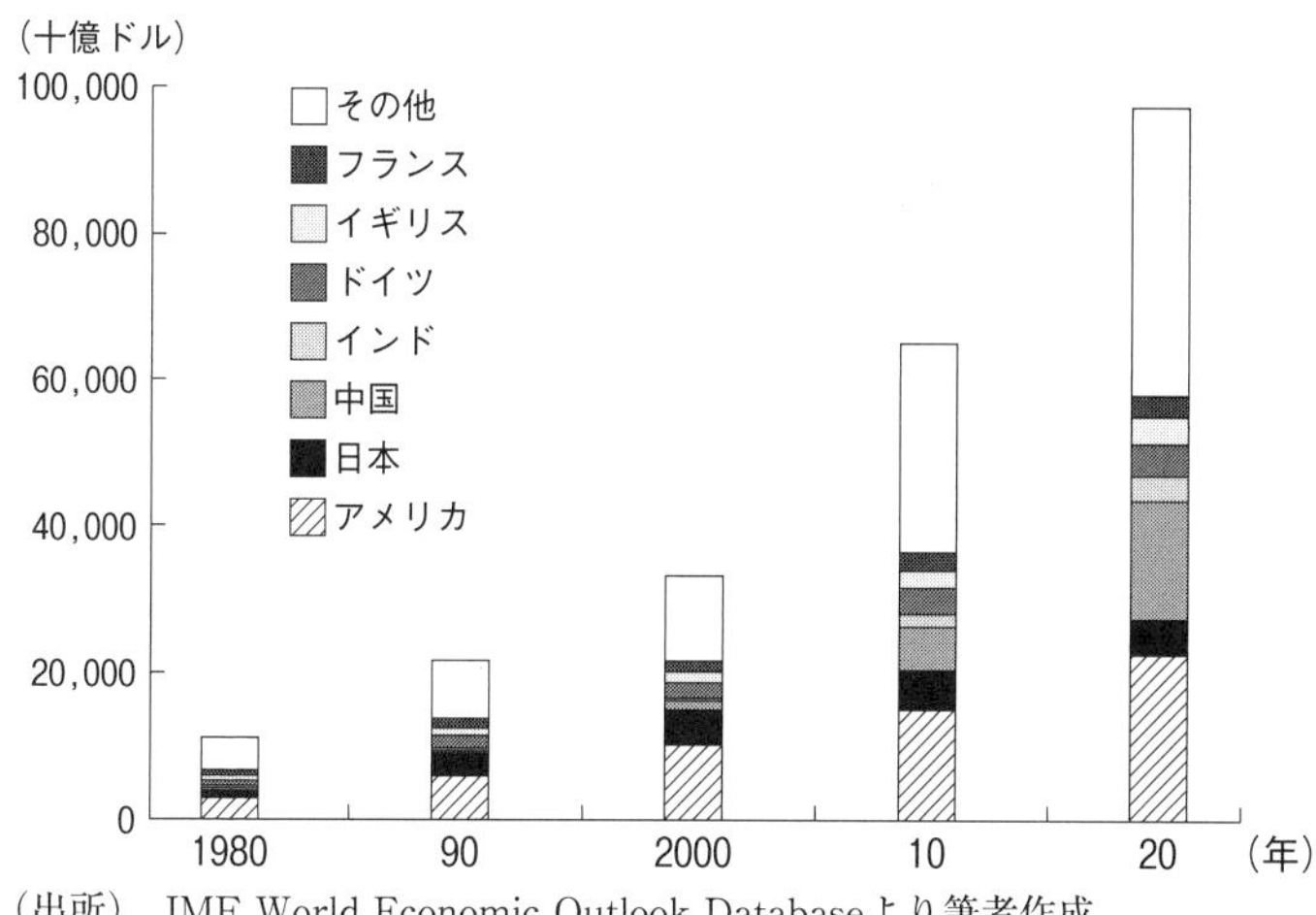

（出所） IMF World Economic Outlook Databaseより筆者作成

です。つまり、10年ごとに１０００兆円ずつ世界経済が拡大したということは、日本経済２つ分のＧＤＰが増えた計算になります。

さらに、２０１０年にはなんと約60兆ドル（６０００兆円）まで世界経済は拡大しました。２０００年からの10年間で約30兆ドル（３０００兆円）増、約2倍に拡大したのです。

そして、２０２０年には90兆円（９０００兆円）まで世界経済が拡大するとＩＭＦは予測しています。２０１０年から２０２０年の10年間で、再び30兆ドル（３０００兆円）拡大するのです。

お客様に伝えていただきたい点は、「世界経済は力強く成長している点」です。日本にいると、あまり実感できないかもしれませんが、世界は特に2000年以降、急速に拡大しているのです。

世界経済が成長している点は周知の事実なので、ここまではお客様もすんなりと理解してくれます。ただ、お客様は、2つの疑問をもちます。1つ目は、経済が成長することと、株式市場が上昇することはイコールなのかという点、2つ目は今後も世界経済の成長は続くのかという点です。順番に説明します。

3 世界経済の成長に伴い株式市場は上昇する

◆GDPと株価の関係

1つ目の疑問については、世界経済の成長に伴って、世界の株式市場は上昇するので「イコール」です。理由は、株価とは、理論上、企業の将来生み出す利益を反映したものだからです（専門的な言葉でいうと、現在価値に割り引いたものだからです）。つまり、今後の企業の利益が増え続けるなら、株価は上昇するのです。

もちろん、短期的には株式市場は需給で動きます。戦争や地震、テロなど有事が起きると暴落したり、各国の金融・財政政策などで為替が動き、それによって変動もします。

1970年以降の世界株式の推移

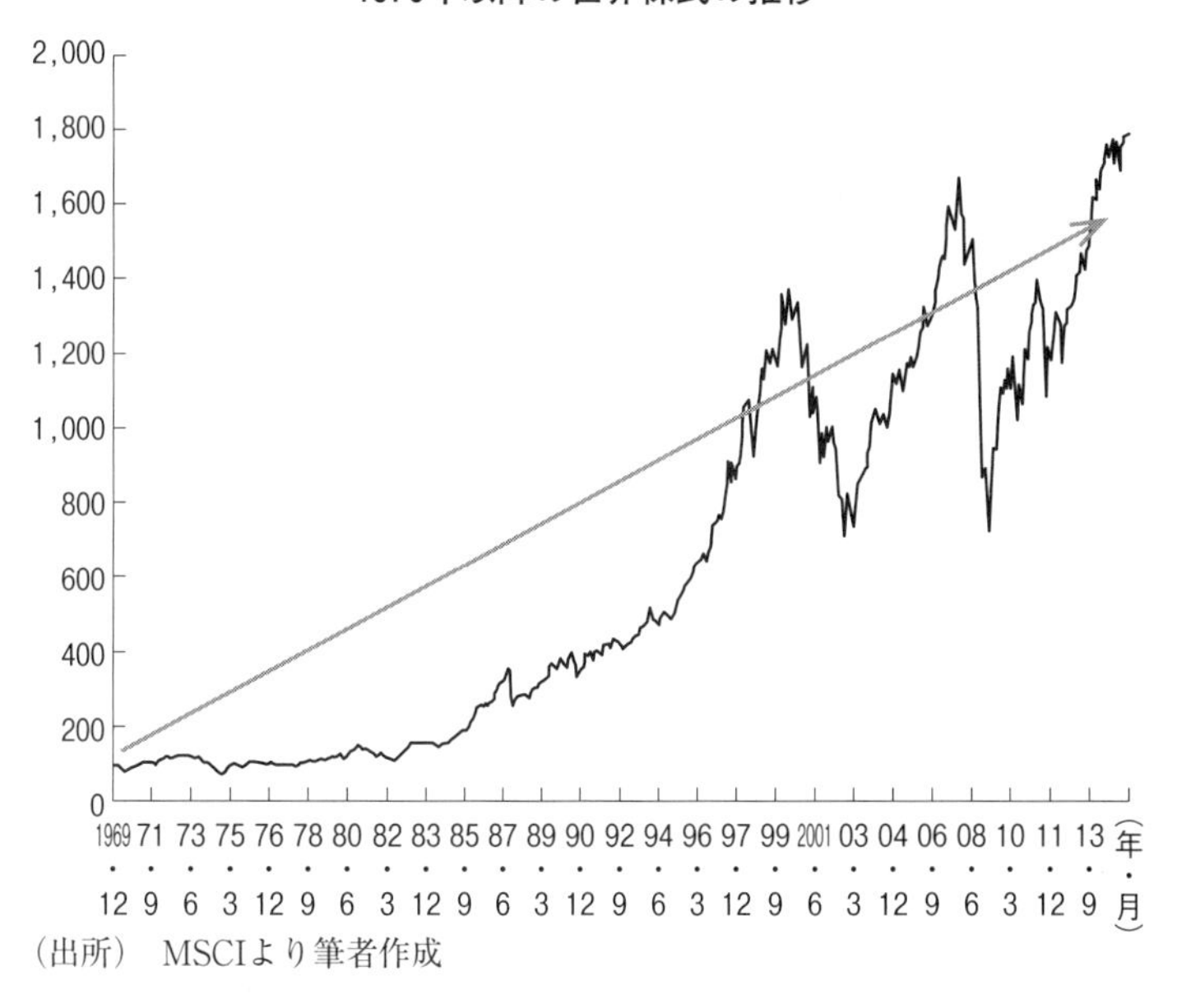

（出所）　MSCIより筆者作成

ただ、中長期的にみれば、企業の利益の成長と相関して、株式市場は成長します。

上の図は１９７０年代以降の世界の株式市場の推移です。短期的に上下を繰り返しながら、成長している背景にあるのは、世界経済の拡大です。世界経済が拡大するということは、それだけ企業の売上げが伸びるということです。売上げが伸びるということは、企業の利益の成長につながります。株式市場は、企業の将来の利益を見込んで売買されるので、企業の業績が伸びれば、株式市場も成長するのです。

株式市場は企業の利益を先取りし

て反映します。ですから、企業の売上げが伸び、利益が伸び続けるなら、株式市場はさらに上昇し続けます。

もちろん、短期的には、需給の関係で株式市場が大きく下落することもあるでしょう。事実、これまで株式市場は、度重なる暴落を繰り返してきました。しかし、そのつど、株式市場は回復し、さらに高値を更新し続けてきました。その背景にあるのは、世界の企業の売上げや利益の成長があったからです。

◆成長しない企業は倒産する

仮に利益をあげ続けることができない企業はどうなるでしょうか。答えは倒産です。つまり、上場している企業は、利益をあげ続けることを義務づけられているのです。利益をあげられず、赤字が続く会社は倒産してしまいます。

倒産する会社が出る一方で、新しい技術やサービスをもった会社も生まれます。新しい技術は、新しいマーケットを生み出します。その繰り返しで、世界経済や株式市場は成長するのです。

GDPの成長＝企業の売上げの成長＝株式市場の成長

つまり、GDPが成長するということは、それを生み出す企業の売上げ・利益が成長していることです。企業の業績がよくなれば、株価も上がります。経済成長に伴い、株式市場は上昇していくのです。

4 世界経済はA×Bで考える

お客様が感じる2つ目の疑問について解説します。これまで成長してきた世界経済は、今後も成長するのか否かという点です。

世界経済について考えるときに、わかりやすい公式を紹介します。世界経済の規模（GDP）はA×Bで表すことができるのです。

世界経済（GDP）＝A×B

このAとBの要素がそれぞれ成長すれば、間違いなく世界経済（GDP）は成長します。ではAとBには何が入るでしょうか。

正解は、要素Aは「人口（より正確には労働人口）」、要素Bは「（労働者）1人当り生産性」です。

世界経済（GDP）＝人口（A）×1人当り生産性（B）

この式だけだと抽象的で、また世界経済で考えると、スケールが大きいので、まずは企業の売上げをこの式に当てはめてみます。

企業の売上げ＝従業員数（A）×1人当り売上高（B）

企業の売上げは、従業員の人数＝人口と、1人の従業員がどれだけの売上げをあげられるかで決まります。

都道府県で考えると、「都道府県の経済規模＝県民の数（A）×県民1人当りが生み出す付加価値（B）」で計算できます。

国で考えると、国の経済規模は「国の経済規模＝国民の数（A）×国民1人当りが生み出す付加価値（B）」になります。

ですから、「世界経済（GDP）＝人口（A）×1人当り生産性（B）」となるのです。

では、世界経済を計算する要素となる、「人口（A）」と、「1人当り生産性（B）」についてそれぞれ考察します。

(1) 要素A：世界の人口について

次頁のグラフからは産業革命以降、世界の人口は爆発的に増えているのがわかります。少子高齢化の日本では意識しにくいかもしれませんが、いま、世界の人口はものすごい勢いで増えています。人口大爆発期に突入しているのです。

112頁のグラフは1950年以降の世界人口の推移を示したものです。1950年には約

世界の人口の推移（推計値）

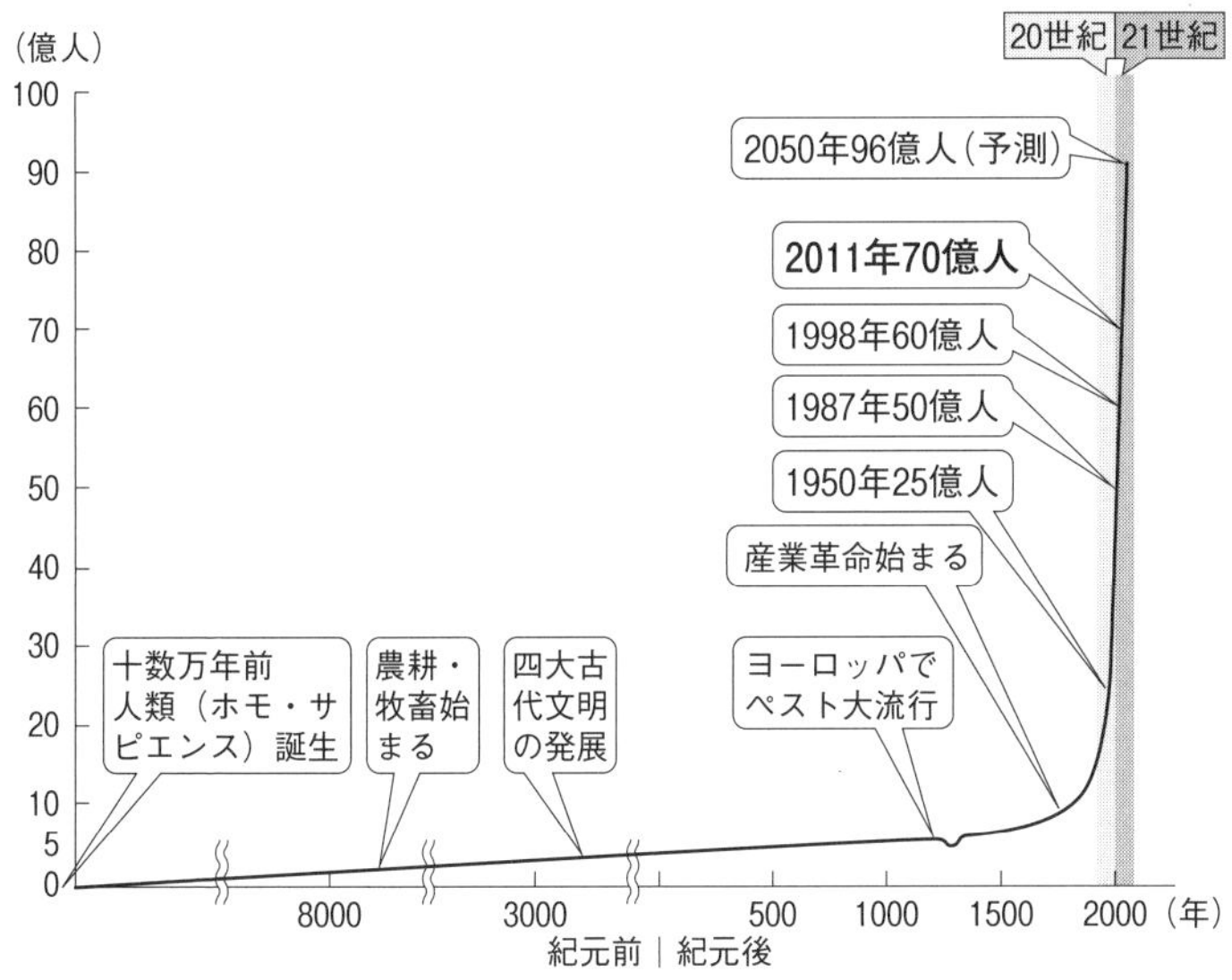

（出所）　国連人口基金東京事務所ホームページより筆者作成

25億人だった世界人口は１９７０年代半ばに40億人に達し、１９９８年に60億人、２０１１年に70億人に達しています。そして、今後２１００年に向けて、世界の人口は１００億人を超えて増え続けます。具体的には２０６４年に世界人口は１００億人に達します。２０１２年の70・8億人から52年間で約30億人増えるのです。

これは1年当り約５８００万人、毎日約15万８０００人増える計算です。1時間で約６６００人、1分間にすると約１１０人増のハイペースです。今後約50年間は、このペースで、人口が増加し続けるのです。

世界の人口の推移

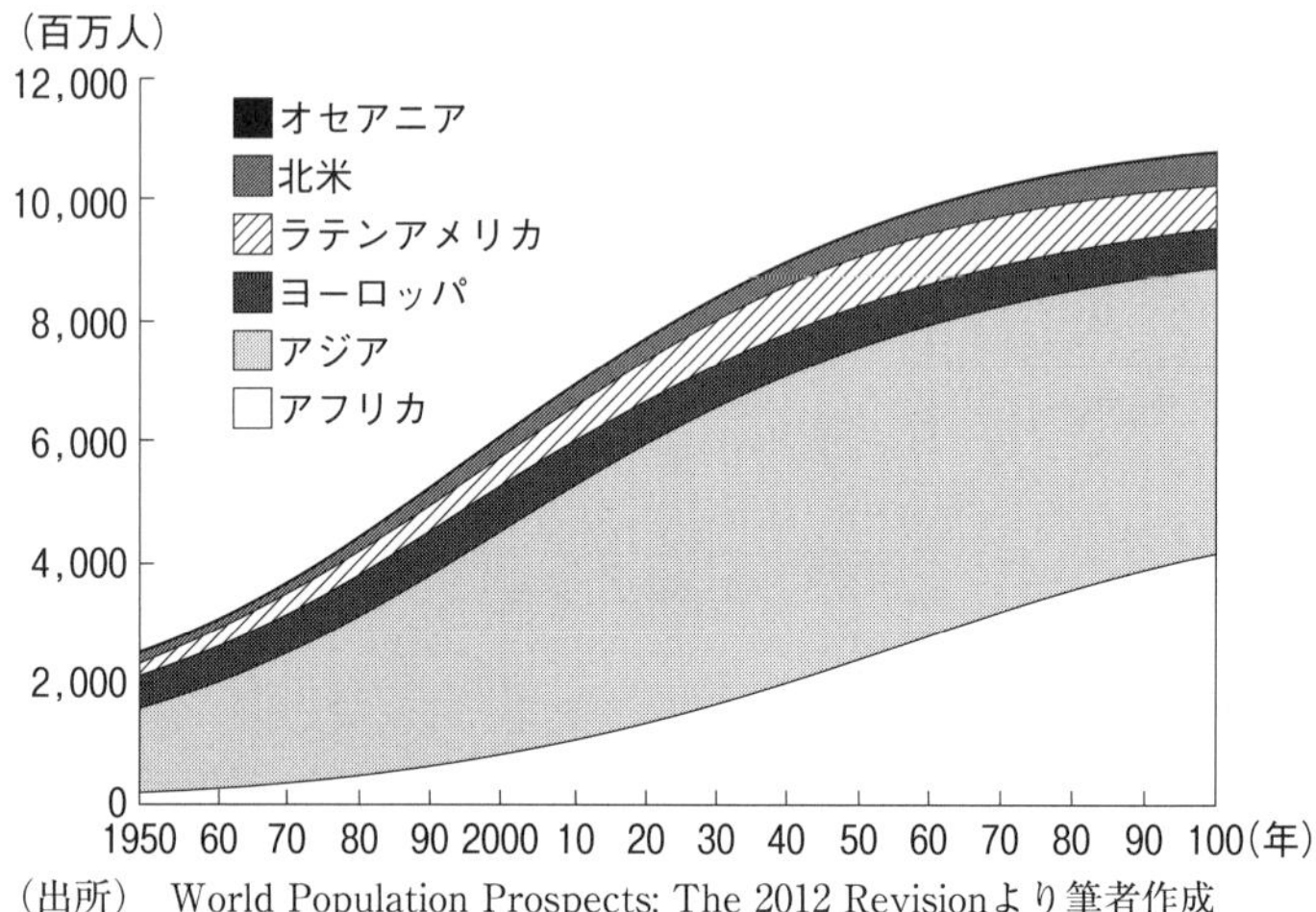

(出所) World Population Prospects: The 2012 Revisionより筆者作成

日本は人口が減り、高齢者比率が増える「人口オーナス(重荷)期」に入ってしまいましたが、世界全体でみると人口、特に生産年齢人口が増える「人口ボーナス期」を迎えています。

① 人口が増えるとはどういうことか

人口が増えるとはどういうことでしょうか。先ほど、世界経済が成長している、つまり、世界の企業の業績が伸び続けているという点を説明しました。

1950年の時は25億人だった世界人口が、いまは2・8倍の70億人を超えています。つまり、それだけモノを買ったり、消費したり、遊んだりする人が増えているのです。

人は生きるうえで、生活をします。家や家

世界の１人当りGNIの推移

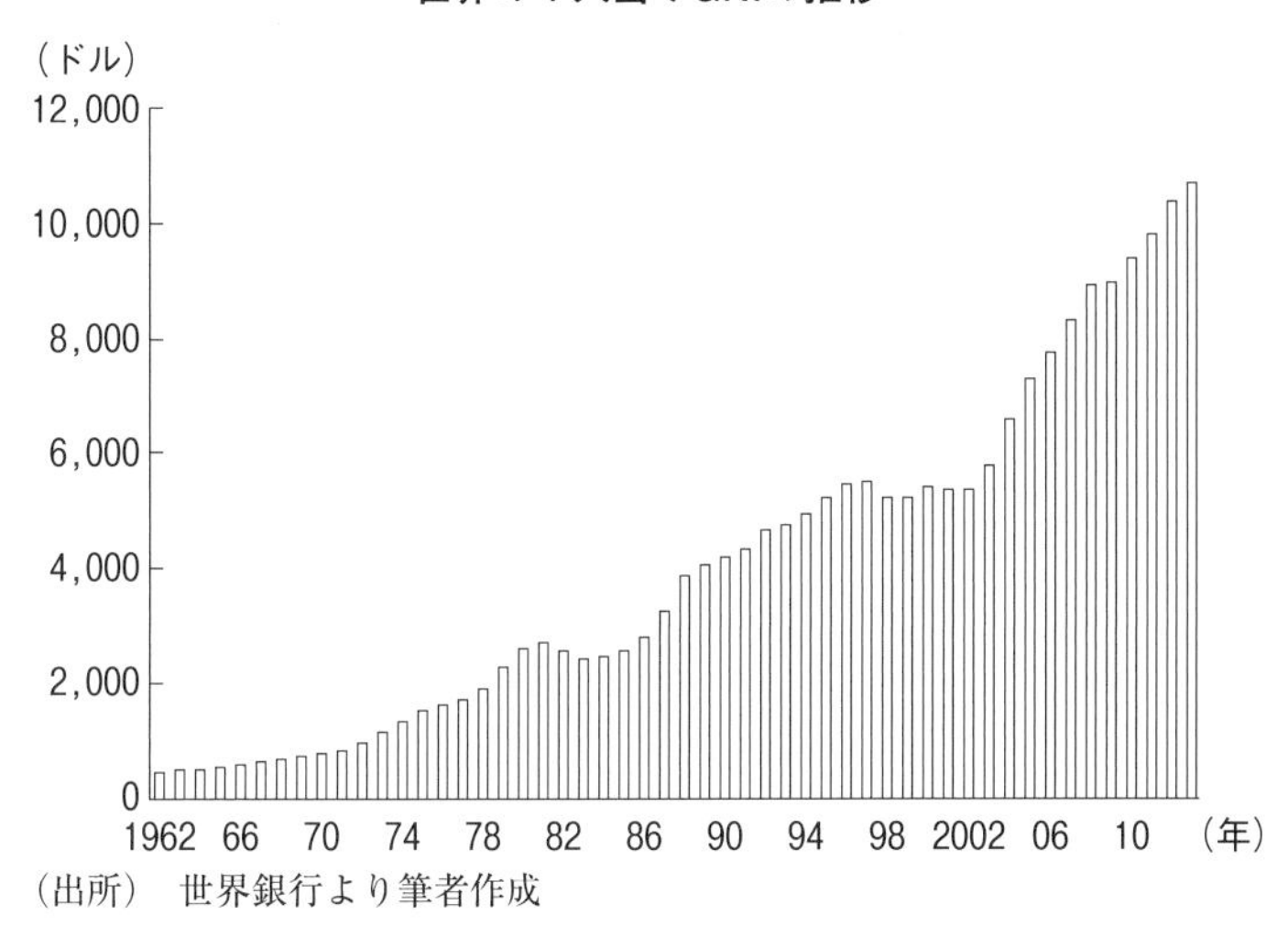

（出所）　世界銀行より筆者作成

電、衣類、車、スマートフォンなどを買います。食事もします。野菜、魚、肉、米、パンなどを食べます。移動もします。バイク、車、電車、飛行機で移動し、ガスや電力を消費します。さらに、海外旅行をして、観光することでお金を使います。

人口が増えるということは、お金を使う人が増えるということです。つまり、人口の増加は、世界経済の成長を下支えしている要因なのです。

② 世界の人々は豊かになっている

人数が増えているだけではありません。世界の人たちは少しずつ豊かになっているのです。つまり、使えるお金が増えています。

上の図は全世界の人の平均所得の推移です。右肩上がりで成長しているのがわかります。

なぜ、世界の人たちは豊かになっているのでしょうか。それはいくつか要因がありますが、いちばん大きいのはＩＴ化で世界経済がつながったことだと思います。

ＩＴで世界全体がつながったことで、企業の活動もよりグローバルになりました。先進国よりも人件費の安い新興国などに工場を建て、現地で雇用をつくりました。そうすると、たとえば、いままで新興国で農業をしたりしていた人たちがその工場で勤務し、給料をもらえるようになります。給料が支払われると、いままで買えなかったものを買えるようになります。その積重ねで、少しずつ豊かになっているのです。

昔、先進国と発展途上国の間の格差問題は、「南北問題」と呼ばれていました。当時、中国は「世界のお荷物」と揶揄される「南」の国の一部でした。人口が多い一方、あまり多くの価値を生み出さなかったからです。

しかし、ＩＴの浸透など環境が変化すると、中国は「世界の工場」と呼ばれるようになりました。世界各国から、製造業の拠点として、工場が建てられ、雇用が生まれました。その結果、中国の人たちの所得も伸び、生活も豊かになりました。そのお金で企業の商品を買い、経済を刺激するのです。

中国だけでなく、多くの新興国で同じような流れができています。人口の増加は経済の成長を

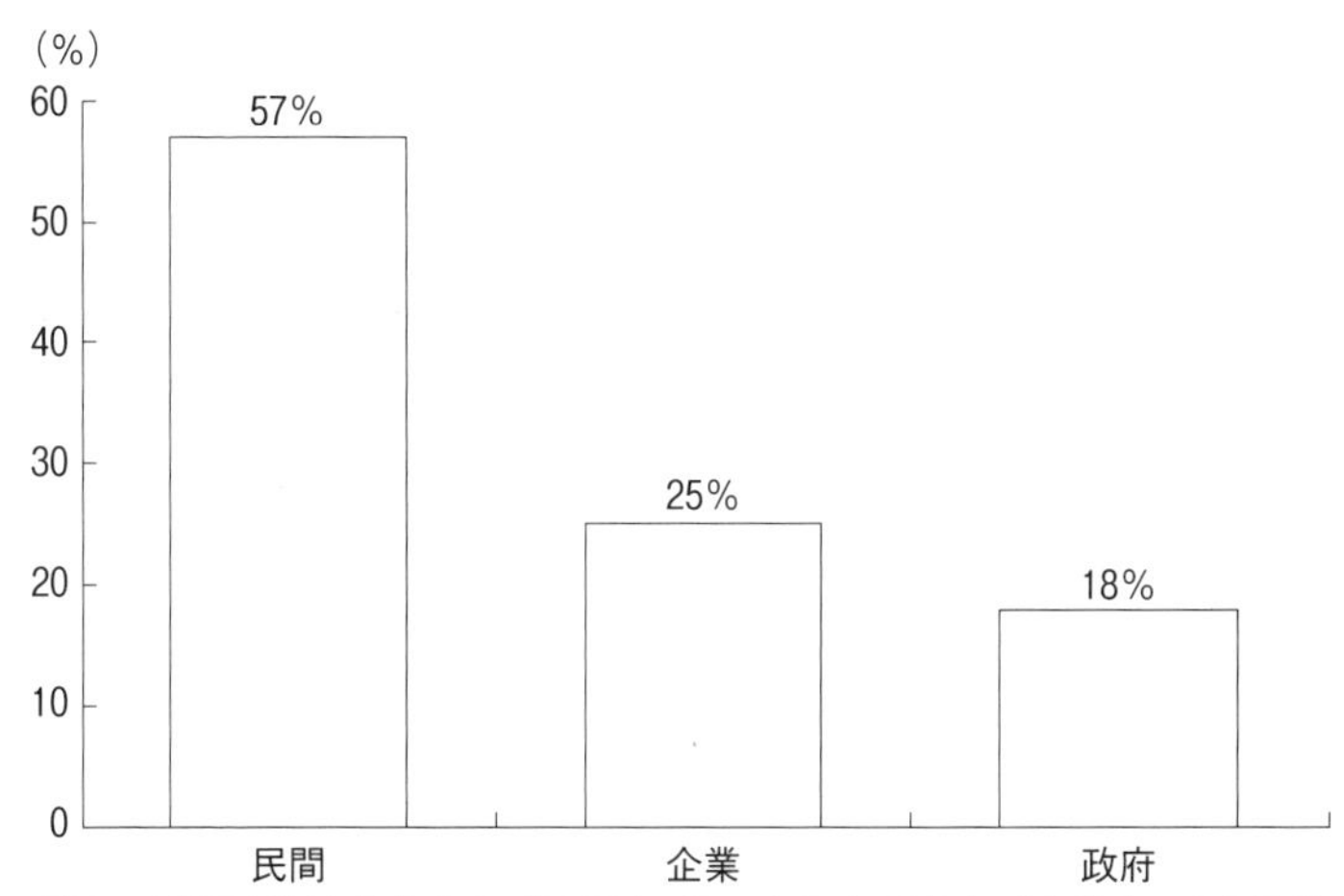

（注） 民間最終消費支出を「民間」、総固定資本形成を「企業」、政府最終消費支出を「政府」として定義。
（出所） 国民経済計算より筆者作成

下支えするエンジンの役目を果たしているのです。

同時に、増え続ける人口に求められるサービスや商品を提供した企業が成長をします。人口の増加は、新しいビジネスチャンスを生み出し、世界経済を刺激する非常に重要なエンジンなのです。

③ GDPの内訳を消費する人の立場でみる

先ほど、GDPのほとんどは民間企業が生み出していると説明しました。逆に、GDPを消費の側面からみてみましょう。

GDPを最もたくさん消費している主体は、一般市民（個人）です。世界のGDPの約57％が、個人によって消費されています。約25％が企業、約18％が政府です。つまり、約6割は私たち個人が、日々の生活を送るうえで必要な買い物をしたり、旅行をしたりして、使っているのです。

つまり、人口の増加と世界経済の成長は車の両輪です。人口の増加により生まれた新しいビジネスチャンスを生かす企業が経済を成長させます。これはGDPを生み出す視点です。

同時に、経済の成長を下支えするのは人口です。人々が企業の商品やサービスを消費します。これはGDPを消費する視点です。

ですから、人口の増加が今後も続く限り、新しいビジネスチャンスも生まれますし、消費も拡大し、世界経済は成長していくのです。

(2) 要素B：1人当り生産性について

次に1人当りの生産性について考えてみます。1人当りが生み出す付加価値です。やや抽象的な価値ですが、技術が進化するなかで、生産性が下がるということは想定しにくいでしょう。

たとえば、印刷技術がない時代と、現在では、どちらが便利で生産性が高いでしょうか。印刷技術がない時代は手書きか口頭で伝えるしかありません。ミスも起きやすかったと想像できます。現在のほうが、圧倒的に生産性が高いのは間違いありません。

同様に、電話がない時代と現在を比較してみます。電話がなければ、手紙を出したり飛脚、伝書鳩を飛ばすしかありません。これも当然ながら電話があるほうが便利ですし、生産性は上がります。

同様に、パソコンがない時代、エクセルがない時代、メールがない時代、インターネットがない時代に比べ、それらがあったほうが生産性は上がります。

要するに、技術が進歩するということは、便利になることであり、1人当りの生産性は下がることはないのです。

今後は人工知能やロボットがますます活躍する時代がくるでしょう。タクシーなどは自動運転に変わるかもしれません。すべての宅配便をドローンが担うかもしれません。

技術が進化するなかで、今後、江戸時代、室町時代、弥生時代の生活に退化していくことはまずありえません。今後も、人間は昨日より今日、今日より明日とよりよい生活をしたいと願い、新しい技術を生み出します。

最近（2015年6月）、95歳のドイツの女性が、ある掲示板で質問を募集し、それに回答するというおもしろい取組みがありました。彼女は1920年に生まれ、第二次世界大戦も経験しました。当時の職業は秘書をしていて、速記でメモをよくとっていたそうです。

彼女との一問一答で次のようなやりとりがありました。「95年間の人生で、いちばんのお気に入りの発明は何？」という質問に彼女がこう返答したのです。

「最も重要な発明は洗濯機よ。そのほかのテクノロジーは2番目以下よ」

おそらく、彼女にとってそれまで毎日、ゴシゴシ洗っていた洗濯物をかわりにやってくれる洗濯機の登場が、あまりにも衝撃的で、感激したのでしょう。洗濯にかける作業が軽減され、とっても嬉しかったのです。それがどんな技術の進歩よりも嬉しかったと語るおばあちゃんの言葉から、技術の進化の偉大さを感じとることができます。

今後も新しい技術は日々生み出されるでしょう。その積重ねが、私たちの暮らしを便利にし、生産性を高めてくれます。

つまり、1人当りの生産性は、技術の進展に伴い、今後も上がるのです。

世界経済（GDP）＝人口（A）×1人当り生産性（B）

以上、GDPを計算する要素の「人口（A）」と、「1人当り生産性（B）」について考察しました。人口も生産性も、今後も成長するのがおわかりいただけたかと思います。

「人口（A）」と「1人当り生産性（B）」がそれぞれ上昇するなら、その積となる世界経済（GDP）も成長するのは当たり前なのです。

積立投資の鉄則は、この世界経済の成長の波にのることです。投資信託を活用しながら、リスク管理をしつつ、今後の世界経済の成長のエネルギーを活用することなのです。

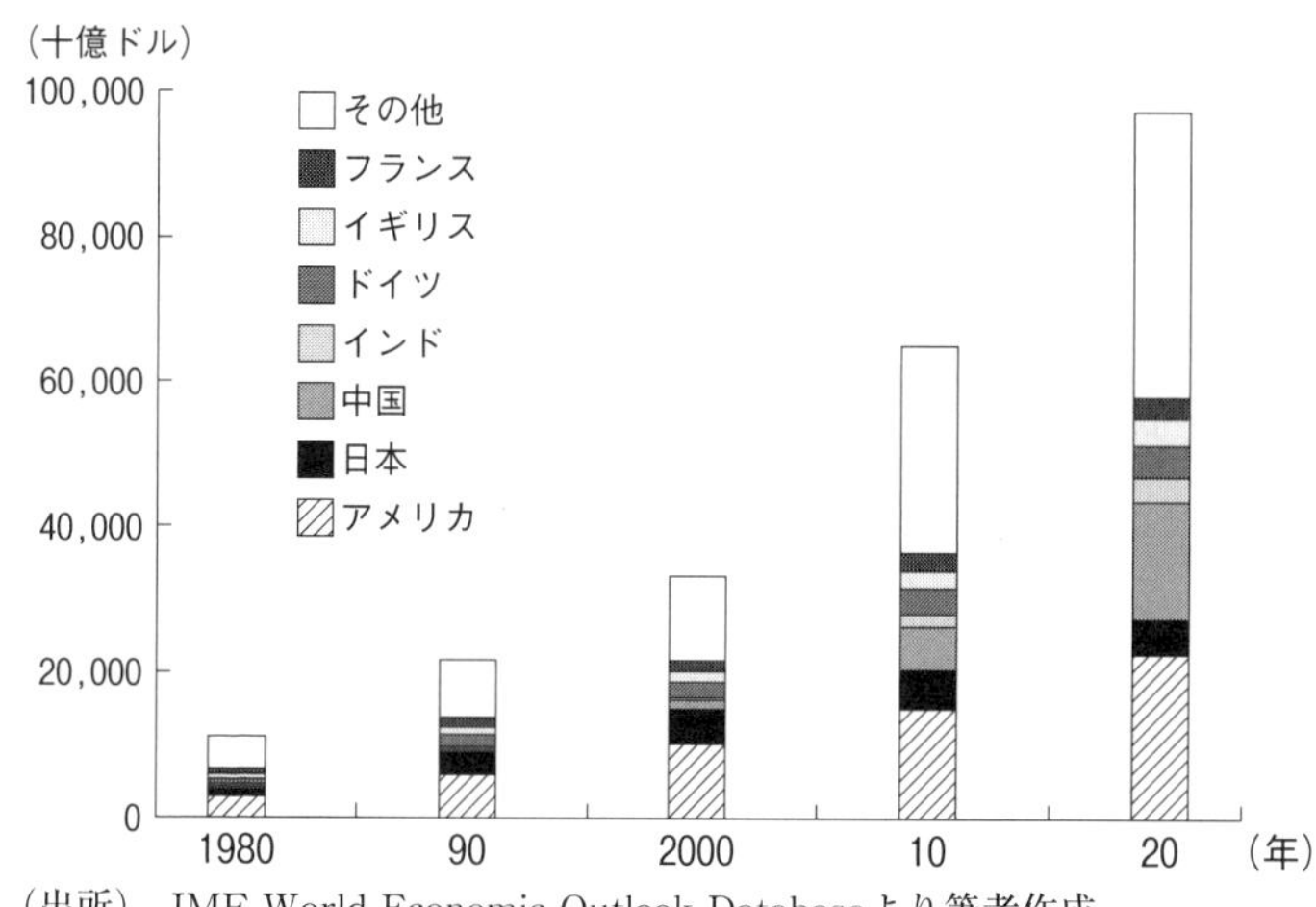

（出所） IMF World Economic Outlook Databaseより筆者作成

積立投資は10年、20年、30年と長く続けるものです。その過程で、下落局面は何度もきます。その時期を読むのは不可能です。

しかし、積立投資であれば、その下落局面は「量」を買い込むチャンスでこそあれ、決して投資が紙切れになったと悲観する必要はないのです。

◆新興国株式への投資

「全世界の株式」に投資することを鉄則とする積立投資でも、特に重要になると思われる資産を紹介します。それは「新興国株式」です。

2000年の頃は、世界のGDPの約8割は、アメリカ・日本・ヨーロッパの先進国で生み出されていました。しかし、2020年のＧＤＰの半分は新興国が生み出します。中国、アジア、アフリカ、東欧などの国のＧＤＰが急速に拡大し、たったの20年間で、新興国が世界経済の半分を生み出すまでに成長しているのです。

◆人口の増加は新興国で起こる

なぜ、新興国の成長が起こるのでしょう。いちばん簡単な見方は、人口の増加です。先ほど世界の人口は１００億人まで増えると説明しました。実はそのほとんどは新興国で増えるのです。逆に、先進国はほとんど人口が増えません。日本は減少しますし、ヨーロッパも今後日本の後を追います。アメリカだけ、移民などの関係もあり増え続けますし、２０１５年半ばから突然発生した中東からヨーロッパへの難民の大移動の影響もみなければなりませんが、基本的に先進国は人口が増えないと考えてよいでしょう。

ここでもう一度先ほどの世界経済の式を確認してみます。

世界経済（ＧＤＰ）＝人口（Ａ）×１人当り生産性（Ｂ）

新興国の人口（Ａ）は確実に増えます。１人当り生産性（Ｂ）も伸びます。伸びしろ（伸びる余地）でいえば、先進国より大きいといえます。先進国は、新興国に比べて、すでにある程度高い水準にあるからです。

世界の人口の推移

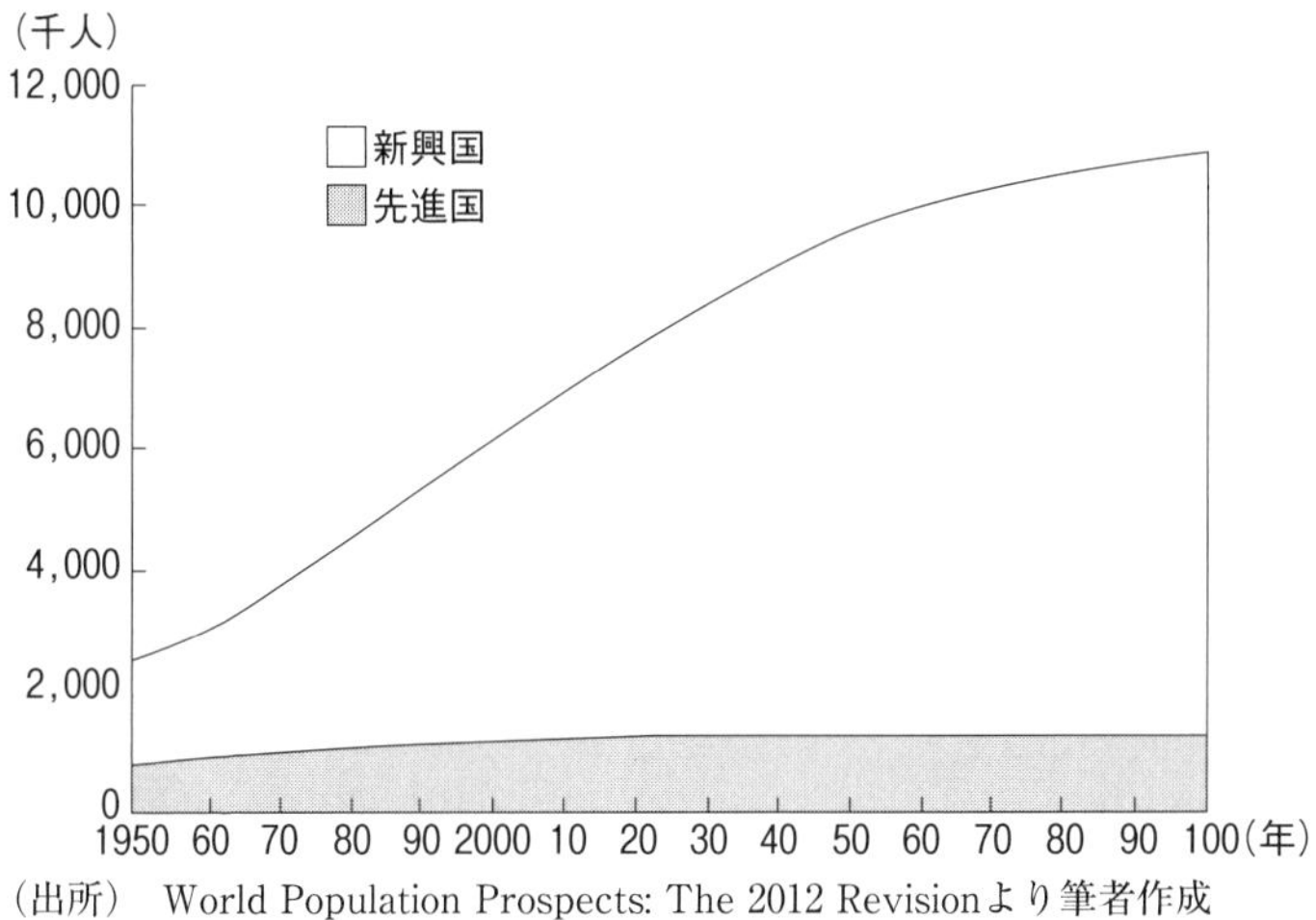

（出所） World Population Prospects: The 2012 Revisionより筆者作成

そう考えると、新興国の経済を次のように考えることができます。

新興国経済（ＧＤＰ）＝大きく増加する人口（Ａ）×勢いよく上昇する１人当り生産性（Ｂ）

２つの要素が、それぞれ大幅に上昇するのです。一方、先進国は次のようになります。

先進国経済（ＧＤＰ）＝横ばい微増の人口（Ａ）×ゆるやかに上昇する１人当り生産性（Ｂ）

人口はあまり増えず（横ばい・微増）、１人当り生産性も、新興国のそれに比べると、増加幅は小さめです。

投資の基本は、今後の成長の期待を見込める資産を選択することです。世界株式への分散投資を原則として、一部は新興国の株式も選択しておきたいところです。

◆日本経済の未来についての考察

日本株式について、どの程度の配分をもつのがいいでしょうか。諸説ありますが、私は1割未満でいいと思います。日本の株式市場は世界全体の数パーセントのシェアしかないからです。

重要なのは今後の成長期待です。「経済規模（GDP）＝人口（A）×1人当り生産性（B）」をもとに、日本経済について考えるとどうなるでしょうか。

日本の人口は、減少しています。

「1人当り生産性」については、今後の伸びる余地は、新興国と比べると、日本は相対的に小さくなります。

日本経済（GDP）＝人口（A）⇩×1人当り生産性（B）⇧

次頁の下図は日本のGDPの推移です（ドルベース。十億ドル単位）。1990年代以降、停滞しています。

このように考えると、日本経済は今後大きな成長はむずかしいと考えるのが自然です。投資に中長期的な成長率を期待する日本の株式市場の保有は数パーセント程度でいいということになります。

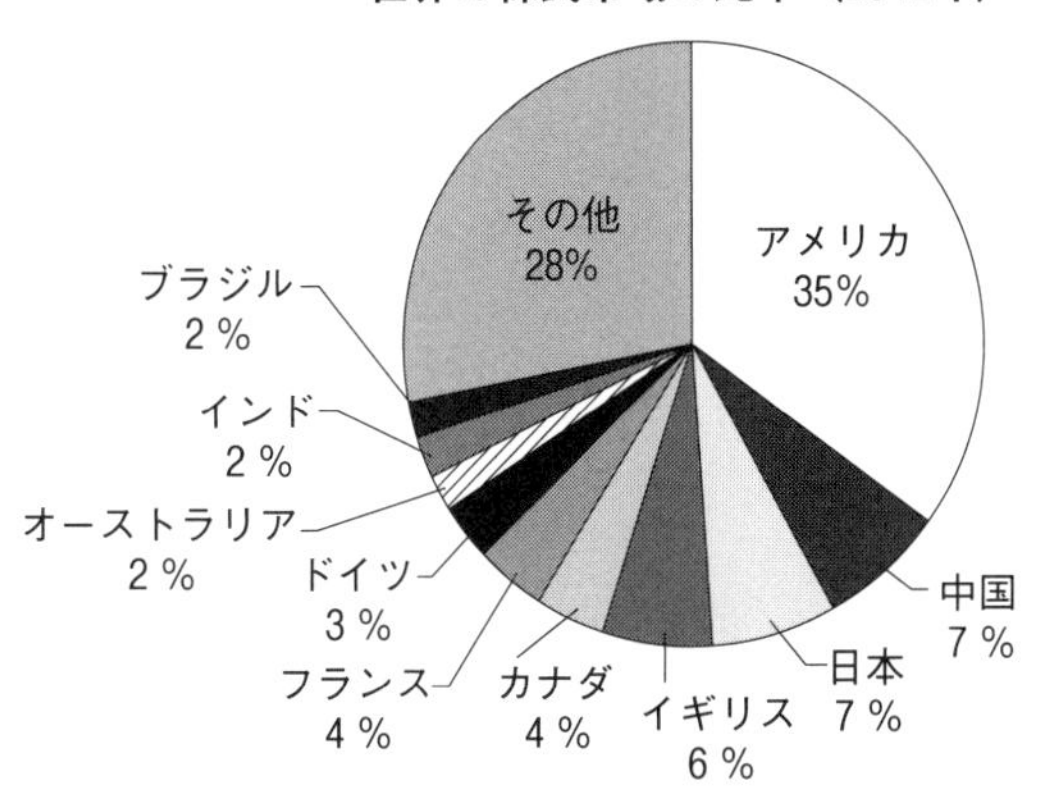

（出所）　世界銀行World Bank Open Dataより筆者作成

日本のGDP推移

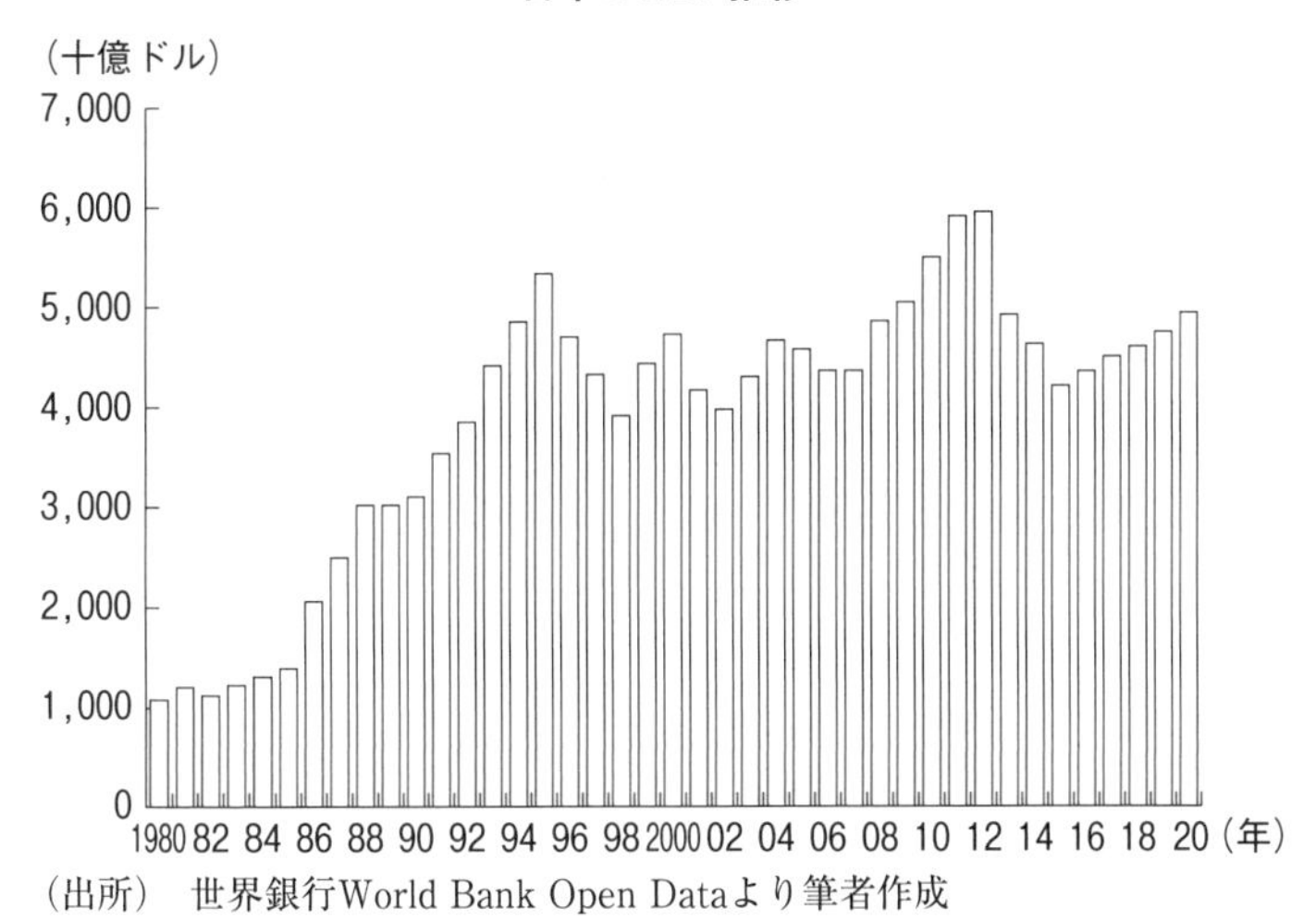

（出所）　世界銀行World Bank Open Dataより筆者作成

◆積立投資の鉄則のまとめ

積立投資の鉄則は、将来、上昇が見込める資産に積むことです。それは世界経済全体です。理由は「人口の増加」と「1人当り生産性の上昇」が見込めるからです。もちろん、短期的な変動はあるにせよ、中長期的にみて成長期待がもてる世界株式全体に積立投資をするのが鉄則になります。

特に、今後成長期待の高い「新興国株式」は、提案しておきたい資産です。新興国株式はリスクが高く感じる人もいるかもしれません。本書を執筆している2015年も中国経済の減速と資源価格の下落により新興国株式と通貨は大きく下落しました。しかし、将来的な見直しを含めて考えれば、リスクはケアできます（見直しについては、第7章で解説します）。

60歳からの日本人の余命は男性で約23年、女性で約28年もあります。その期間も、一定割合を株式で運用しておくことは、資産の目減りを食い止める重要な役割をもちます。

積立投資の鉄則は、中長期的な成長期待が大きい世界株式を選択することと覚えておきましょう。

第5章

「値上がり」効果の説明方法

1 「値上がり」効果のクイズ

本章では、値上がりした場合の効果について説明します。積立投資の価格下落時の特徴については、第2章「値下がり安心」効果、第3章「リバウンド」効果で解説してきました。値下がりのメリットの説明をすると、「値上がりしたらどうなるの?」と疑問をもつ人も少なくありません。やはりクイズを通じて理解してもらいます。

◆右肩上がりのケース

まず単純に値上がりするケースです。毎月1万円ずつ積立投資すると、1年間で12万円、10年間の投資金額は合計120万円になります。次頁の図のように10年間で2倍になる商品に毎月1万円ずつ10年間の積立投資をした場合、10年後、120万円はいくらになるでしょうか。

【答え】　①約108万円　②約167万円　③約250万円

正解は②です。ちなみに最初に一括投資した場合、投資金額の2倍の240万円になります。

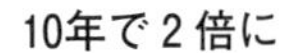

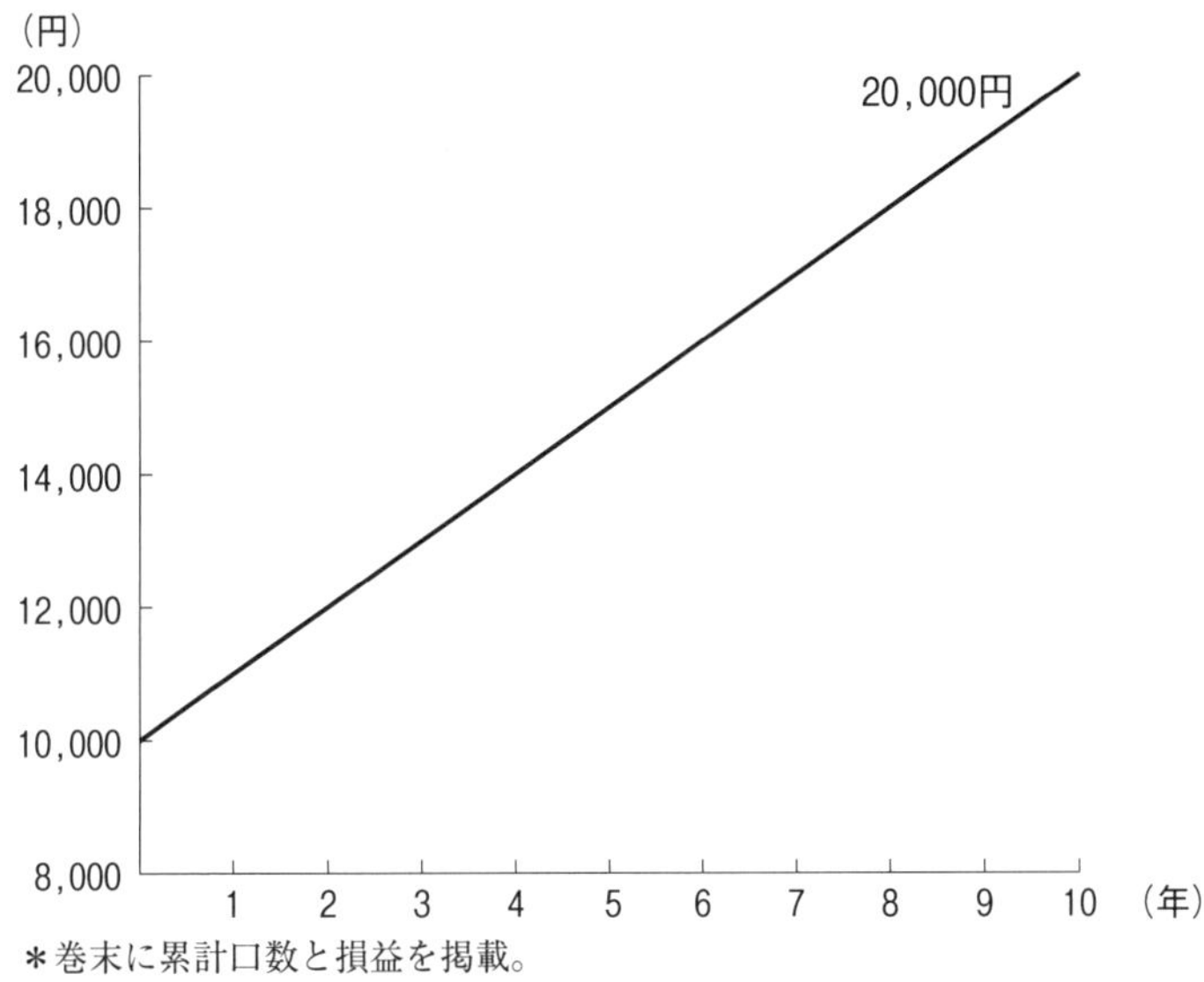

＊巻末に累計口数と損益を掲載。

それと比べると、積立投資の利益は少なくなっています。その理由をお客様に考えてもらいます。

(1) 投資の成績＝「量」×「価格」

投資の成績は「量」と「価格」の掛け算でしたね。今回は、第2章、第3章とは逆に価格が上昇したので、買える「量」が減ってしまったのです。

買える「量」が減るという点を説明するときは、一括投資との比較をするとわかりやすいでしょう。120万円を最初に一括投資する場合は、最も安い1万円の時点で投資をするので120万口（1口＝1円の場合。以下同）買うことができます。

一方、積立投資の場合、毎月投資信託の値段が上昇していくので、徐々に購入できる口数が減少します。このケースでは83万4000口しか買えませんでした。

つまり、投資信託が右肩上がりで上昇していく場合、「積立投資」は一括投資に比べて買える「量」が少なくなります。ですから、成績は一括投資を下回るのです。これは、積立投資のデメリットといえます。マーケットが上昇していく場合、値上がりする価格で買い付けるために、平均買付単価が上昇します。すでに、まとまった資金がある人は、一括投資をしたほうが期待値は高くなります。

(2) 預金と比較する

それでは、値上がりする局面は積立投資家にとってデメリットしかもたらさないのでしょうか。そうではありません。

たとえば、年利0・03%の定期預金に積み立てた場合、10年間複利で計算すると120万3244円にしかなりません。それに比べたら、積立投資をして167万円になっているほうが得です。マーケットの成長を前提とした場合、積立投資は預金に寝かせておくよりは、断然有利です。逆に、何年間も預金に寝かせておくのは機会損失が多くもったいない選択です。

つまり、積立投資は単純に右肩上がりで上昇する商品の場合、一括投資には劣りますが、何も

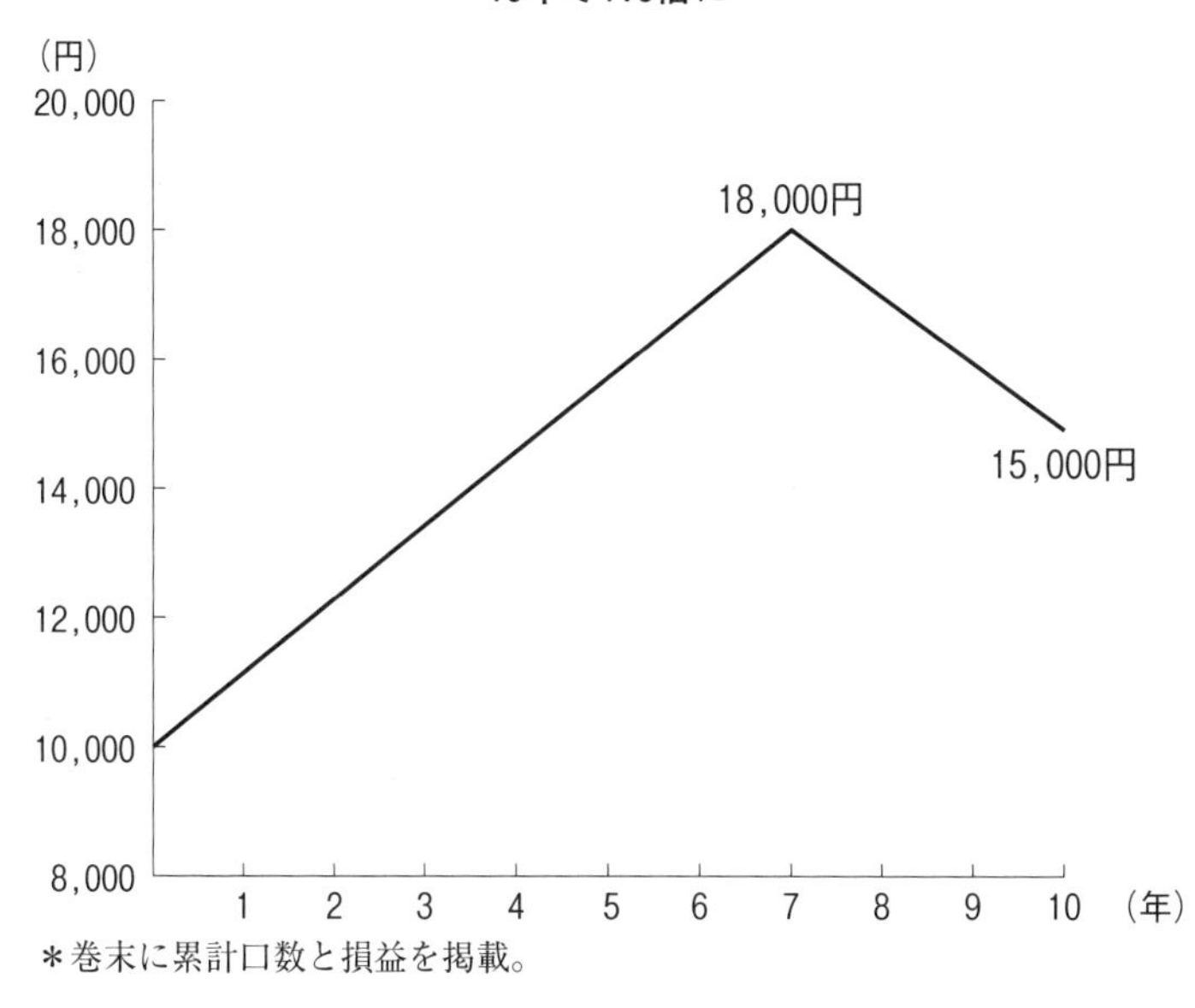

＊巻末に累計口数と損益を掲載。

変化しないほぼゼロ金利の預金に積み立てるよりは効率がよく資産を増やせます。右肩上がりの場合、積立投資はタンス預金や定期預金よりも儲かり、一括投資ほど増えない中間程度の投資効率になるのです。

◆上がって少し下がるケース

次は右肩上がりに上昇して最後に少し下がるケースです。1万円からスタートし、7年後に1万8000円まで上昇、その後下落し終値は1万5000円に落ち着きました。この商品に「積立投資」をした場合の成果はいくらになるでしょうか。

【答え】 ①約１０６万円　②約１２６万円　③約１４３万円

正解は②です。このケースでも少しですが利益は出ています。ただ、投資信託の価格は元の価格の１・５倍に上がっても、積立総額に対する利益は５万６０００円にしかなりません。投資金額に対する収益率は４％程度です（１２０万円の投資に対して、５万６０００円の利益）。このように、「積立投資」は値上がり後の値下がり時に評価が小さくなってしまうのです。

このケースも投資の成績の式で説明します。商品が値上がりしているため、買える「量」が減っています。最後の「価格」が１・５倍になっていても、「量」×「価格」で計算すると、約６万円しか利益が出なかったのです。

◆上がって元に戻るケース

今度は上昇した後、元の価格まで戻るケースです。５年後に１万８０００円まで上昇後、下落し１万円に戻っています。このような値動きの商品に毎月１万円ずつ積立投資をすると累計投資金額の１２０万円はいくらになるかというクイズです。

【答え】 ①約１３５万円　②約88万円　③約57万円

上がって元値に戻る

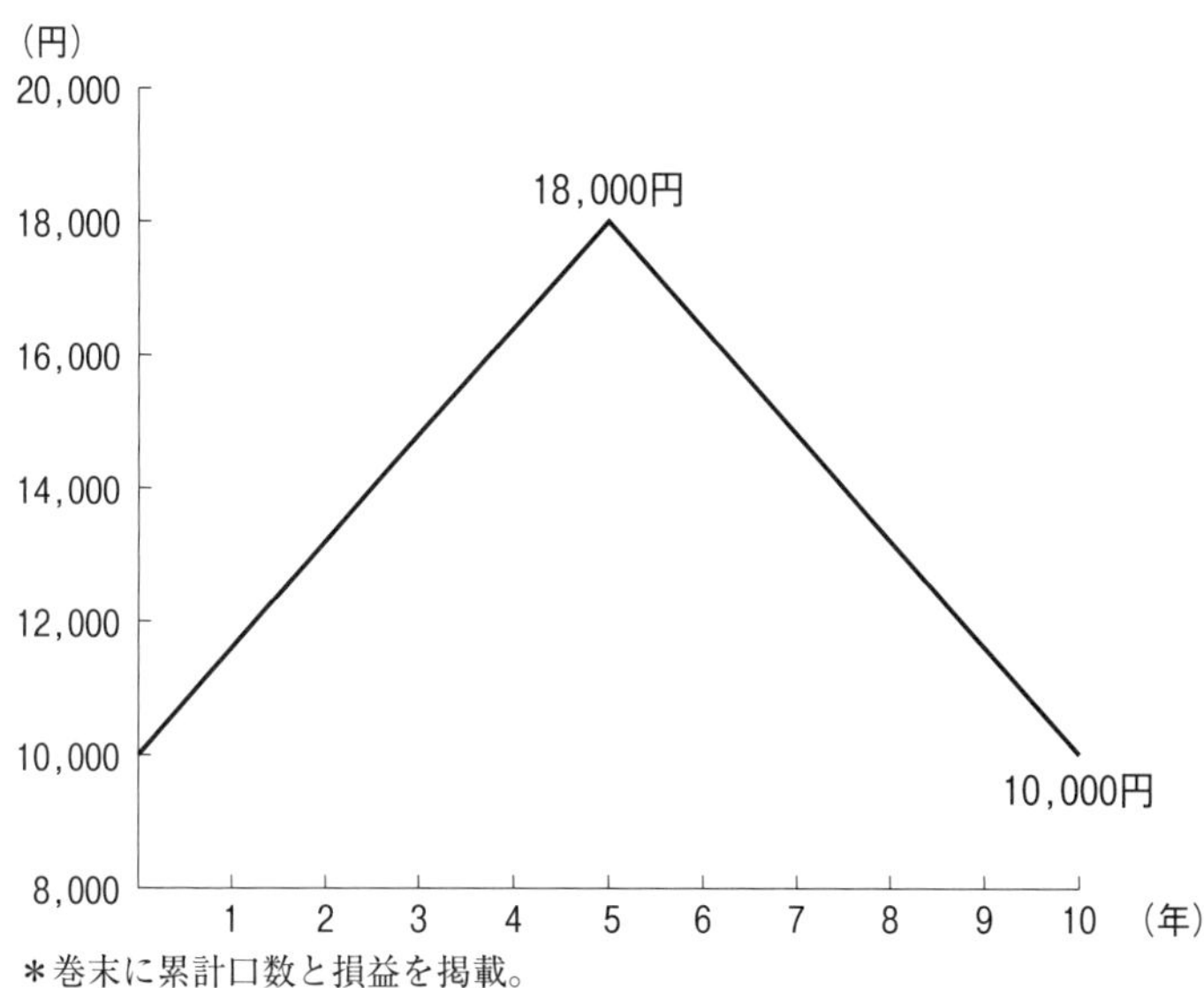

＊巻末に累計口数と損益を掲載。

正解は②です。今回は、赤字になってしまいました。期中、ずっと当初投資価格を上回り、最後に元の価格に戻っただけで損が出てしまいました。このように、「積立投資」は値上がり後の値下がりに弱いのです。

損をした理由はもうおわかりですね。上昇したところで口数をあまり買うことができなかったからです。一括投資の場合、最初に120万口買えますが、積立投資の場合は88万2000口しか買えませんでした。

このケースは一見、失敗にみえます。しかし、ここでお客様に再度、「量」の視点を思い出してもらうチャンスです。

本章で3パターンの価格上昇ケースを紹介しました。そのなかで、最も「量」を多く購入できたのは、3つ目の「上がって元に戻るケース」です。

1つ目の2倍に上昇したケースは約83万4000口、2つ目の1・5倍に上昇したケースは約83万7000口、3つ目の元に戻ったケースは、約88万2000口です。

積立投資家にとって値下がり局面は「口数」を買い込む期間になります。本節で紹介した値動きでは、「右肩上がりのケース」の成績がベストでしたが、買えた口数は3つの（「上がって元に戻る」）ケースが最多ですので、10年以降の値動き次第で、3番目が最も成績がよくなることも起こりえます。

積立投資の成績は「量」×「価格」で決まるので、お客様には常に「量」の視点を忘れないようにお伝えしましょう。

2 似たような値動きの商品のクイズ

結局、積立投資をする人にとって、値上がりは歓迎すべきことなのか、迷われるかもしれません。

その時は次のクイズの出番です。

似たようなジグザグの成績

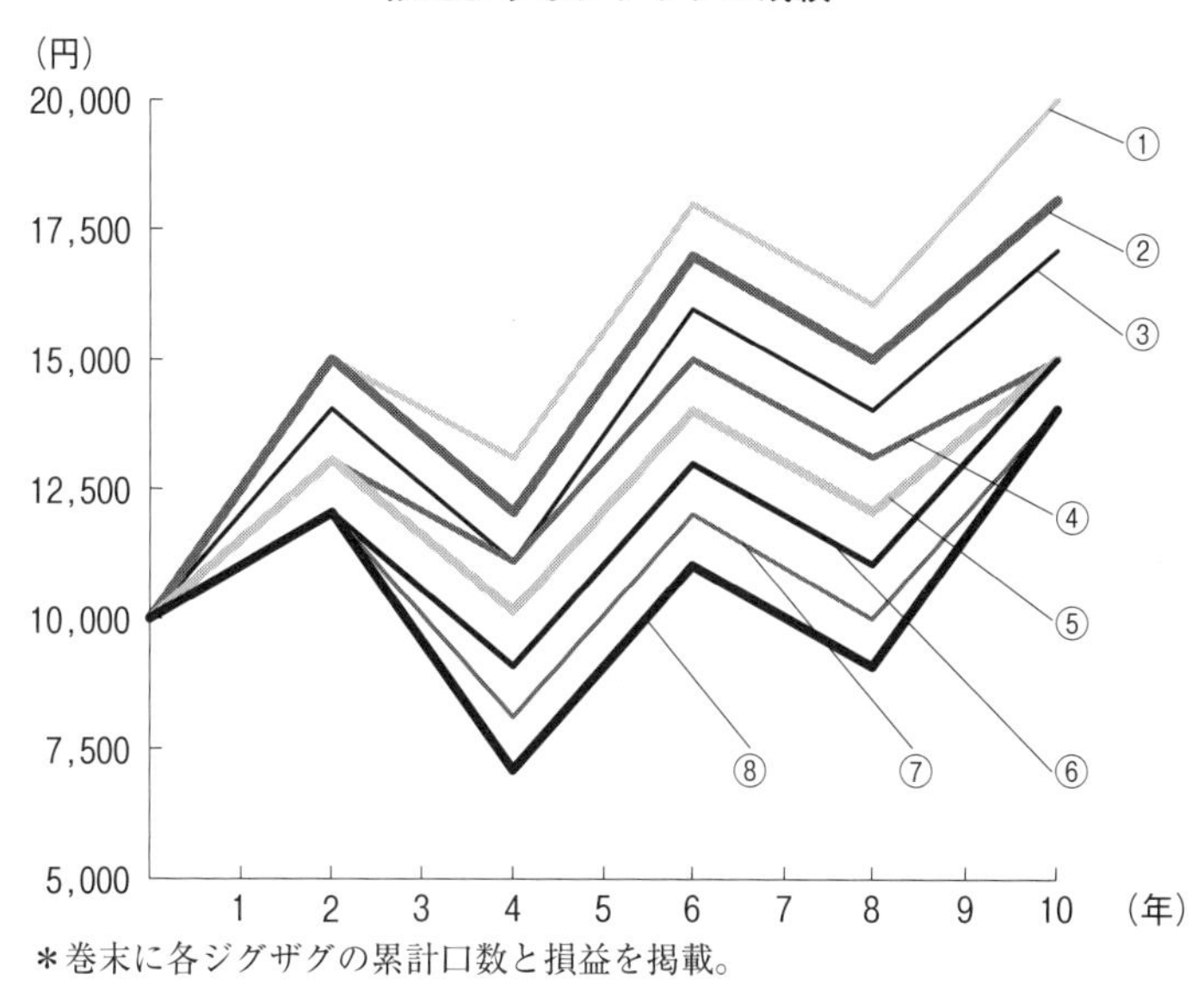

＊巻末に各ジグザグの累計口数と損益を掲載。

似たような値動きの投信商品が8本あります。それぞれに10年間の積立投資をした場合、成績がよくなる順番を当てるクイズです。

◆第1問：いちばん成績がよかったのはどれ？

8本のうち、積立投資をした場合、利益が最も大きいのは何番目の商品でしょうか。

セミナーで、ある程度積立投資の説明をしてからこのクイズをすると、ほとんどの参加者が⑧の商品を選びます。それまでに、「投資の成績＝量×価格」を理解しているからです。

ご明察、正解は⑧です。セミナーで

このクイズを出すとき、少し考える時間をとって、選択肢順に挙手してもらうと、お客様の参加意識も高まるのでお勧めです。「いちばん利益が大きいと思う番号のところで手をあげてください」と説明し、ジグザグ①から順番に聞いていきます。ほとんどのお客様が正解し、会場には安堵の空気が流れます。お客様に「ほとんどの方が正解されました。積立投資の『量×価格』の考え方が大分、身についてきましたね」と褒めることを忘れずに。

このクイズを解くと、次の疑問が浮かびます。「いったい積立投資では、値上がりしそうな商品を選ぶのがいいのだろうか、それとも値下がりしそうな商品が有利なのか」という疑問です。その疑問に答えるために、もう1問クイズを出します。

◆第2問：2番目に成績がよかったのはどれ？

次は2番目に成績がよかったのはどれかを聞きます。実はこの質問が非常に重要です。セミナー等で、最も多い答えはジグザグ⑥でした。リバウンドの角度が鋭くたくさんの「口数」を買えるようにみえるからだと思います。

しかし、正解は①です。今度は最後の価格がいちばん高かった商品が結果を残しました。セミナーでは、ここが盛り上がるポイントです。それまでの説明で意識のなかに「下がってもよい」と刷り込まれているので、いちばん上昇しても成績がよいとなると、混乱してしまうのも当然です。

そこで、次のように伝えます。

これまで積立投資における「量」の重要性を理解してもらうために、「量」を軸に説明をしました。しかし、積立投資の成績は「量」×「価格」で決まるので、積立投資においては「価格」もまた重要なことを忘れないようにしましょう。それは車の両輪のようにどちらも大切なのです。

◆成績がよかった順番

最後に成績がよかったジグザグの順番を発表します。

⑧→①→⑥→⑦→③→②→⑤→④

いかがでしょうか。最終的な価格の高低からは規則性が読み取れない順番になってしまいました。真ん中の④と⑤が、最下位と、最下位から2番目になっています。この順番をすべて言い当てるのは至難の業です。

このクイズをみて、はじめから真ん中の④⑤が最下位とブービーだとわかる人はほぼいません。

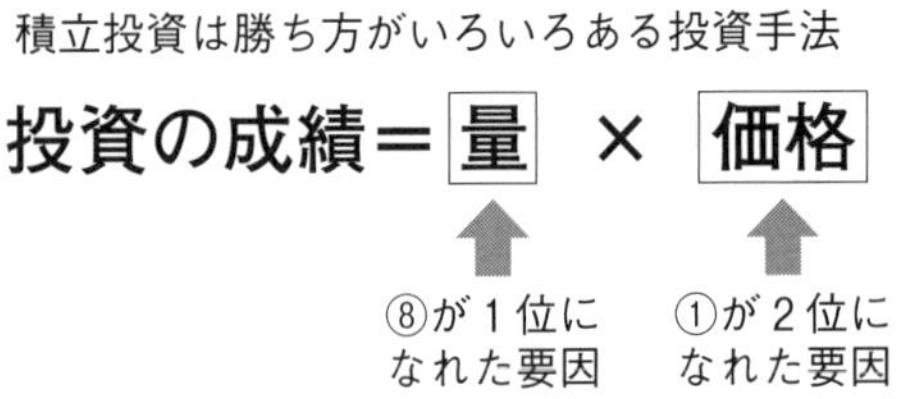

積立投資は勝ち方がいろいろある投資手法

投資の成績＝量 × 価格

⑧が１位になれた要因（量）
①が２位になれた要因（価格）

◆⑧①の成績がよかった理由

ここからが本題です。⑧①の成績がよかった理由について、お客様に考えてもらいます。

まず、⑧が1位になれた理由は何でしょうか。正解は「量」です。⑧はこの8本のなかで、最も値段が下がっているために、最もたくさんの「量」を買い込めたのです。

次に、①が2位になった理由を考えてもらいます。①は最も値上がりしてしまったため、買えた「量」は最も少なくなりました。しかし、最後の「価格」が高かったので、2位になれたのです。

積立投資は、単純に上がればよく、下がったらダメという投資ではありません。「量」と「価格」の掛け算で決まります。「量」を増やして利益を出す方法があり、「価格」を高めて利益を出す方法があるのです。

つまり、積立投資は勝ち方がいろいろある投資手法なのです。①のように、ジグザグしながらも、中長期的に上昇しても勝てます。一方で、⑧のように、序盤から中盤は下がっていても勝てるケースもあります。

私はよく相撲にょくたとえます。相撲は、土俵の外に相手を出したら勝ちです。ただ、外に出さなくても、投げて転がしても勝ちです。それぞれの勝ち方があるのです。

積立投資も同じです。上昇したときのオーソドックスな勝ち方があります(もちろん、100%勝てるわけではありません)。逆に下落したときなりの勝ち方もあります。

どちらの場合でも重要なのは、最後の局面で上昇傾向にあることです。この点は第4章で説明したとおりです。「積立投資の鉄則」は、中長期的に値上がりが期待できる世界株式に積んでいくことです。途中は上がっても、下がってもさほど気にする必要はないのです。

積立投資は序盤、中盤はどんなに下がってもよいのです。むしろ、「量」を買い込めるので、値下がりが続いたほうが、終盤の価格上昇による成績の成長が期待できます。

ですから、積立投資をする場合でも、運用成績がよさそうな商品を選ぶのが正解です。この点は一括投資の場合と変わりありません。それに積立投資は下がっても勝てますが、やはり、上昇しているほうが安心する人が多いでしょう。

3 「値上がり」効果のまとめ

積立投資をする場合も値上がりは基本的には歓迎すべきことです。購入できる「口数」は減ってしまいますが、最後の「価格」が上昇するからです。

マーケットが短期的には上下動を繰り返しながら、中長期的には成長を続けるとしたら、預金に寝かせておくよりは、積立投資をしたほうがお得です。

積立投資は勝ち方がいろいろある投資手法です。上がったときの勝ち方があり、下がったときの勝ち方があります。運用を続ける局面に応じて、柔軟に考えることができます。

積立投資で重要なのは、「最後に上昇していること」です。そのため、第4章で説明したとおり、中長期的な成長が期待できる世界株式に積立投資をするのです。

逆にいえば、積立投資の鉄則さえ守られていれば、途中の値動きはさほど気にする必要はありません。

本章では、積立投資の「値上がり」効果について解説しました。セミナーなどでじっくり説明する時間があるときに、活用してみてください。

第6章

「タイミングフリー」効果の説明方法

「タイミングフリー」効果のクイズ

ほとんどの人は、投資を始めるタイミングについて悩みます。しかし、積立投資の場合、その心配は無用です。積立投資を始める後押しをするためのクイズを紹介します。

次頁の図はある投資信託の値動きです。グラフは10年間までしか描かれていませんが、その後も同様に上昇すると仮定します。

【第1問】

スタートのタイミングを半年ごとずらしながら、10年間の積立投資を9回行いました。最も成績がよかったのは何番目のスタートだったでしょうか。

スタート時点をずらしている分、終わりの時期も異なります。終わりの時期が異なるということは、終値も変わることを意味します。このケースでは後半にスタートしたほうが、終値は高くなっています。

これらの前提を頭に入れたところでいよいよクイズです。最も成績がよかったスタート時点はどれでしょうか。

スタート時点が異なる場合（第1問）

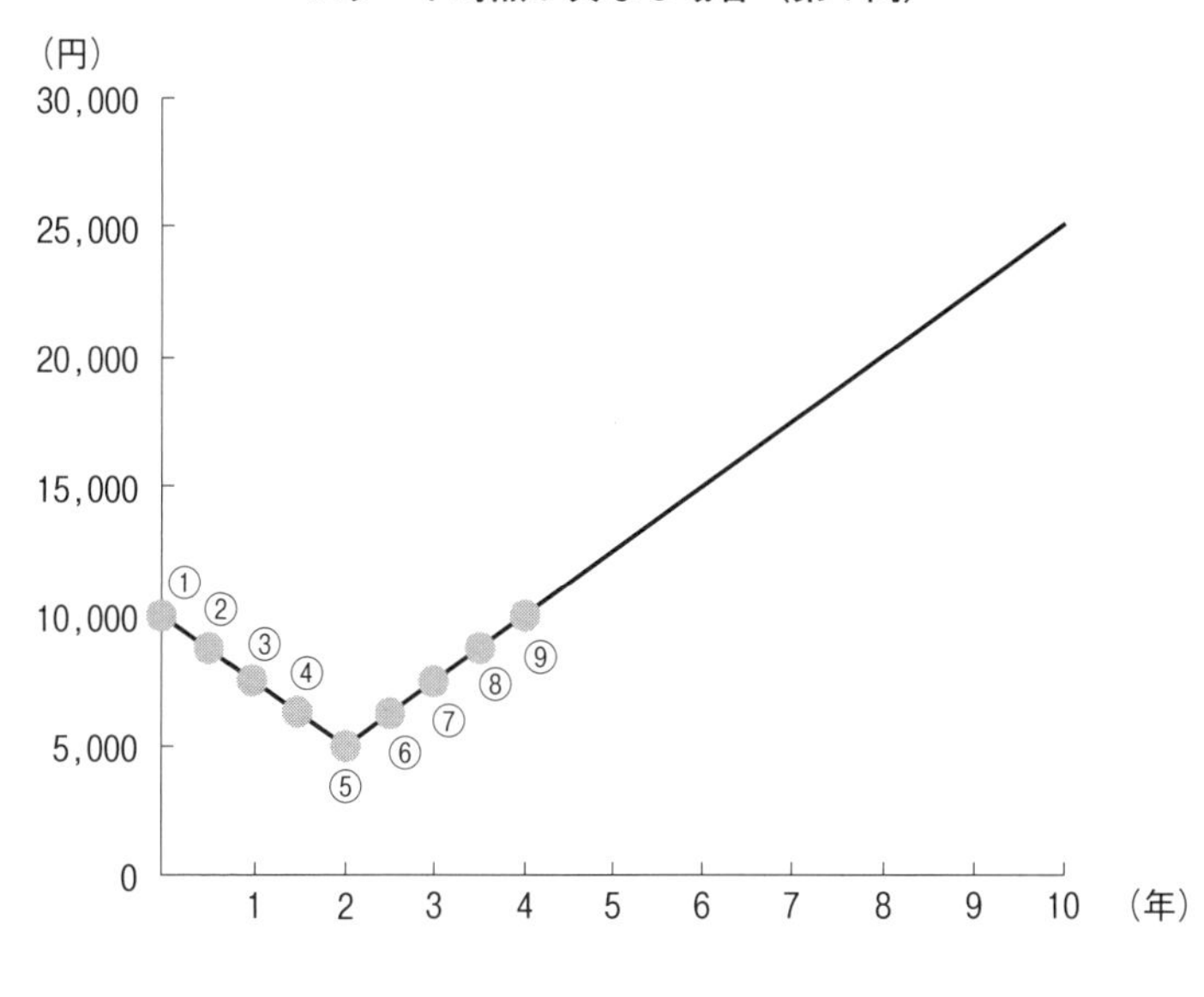

正解は②です。成績がよかった順番に並べると次のようになります。

②→③→①→④→⑤→⑥→⑦→⑧→⑨

セミナーで該当する数字で挙手をしてもらうと、最も多い答えは①でした。高い価格からスタートすれば最も「口数」を買えると考えた方が多いのでしょう。

しかし、答えは②でした。たしかに、口数は①が最も買えます。しかし、後からスタートするほうが、最後の「価格」が高くなります。積立投資の成績は「量」×「価格」で決まるので、今回はわずかに②の成績が①を上回りました（参考までにスタート時点別の成績表を巻末

スタート時点が異なる場合（第２問）

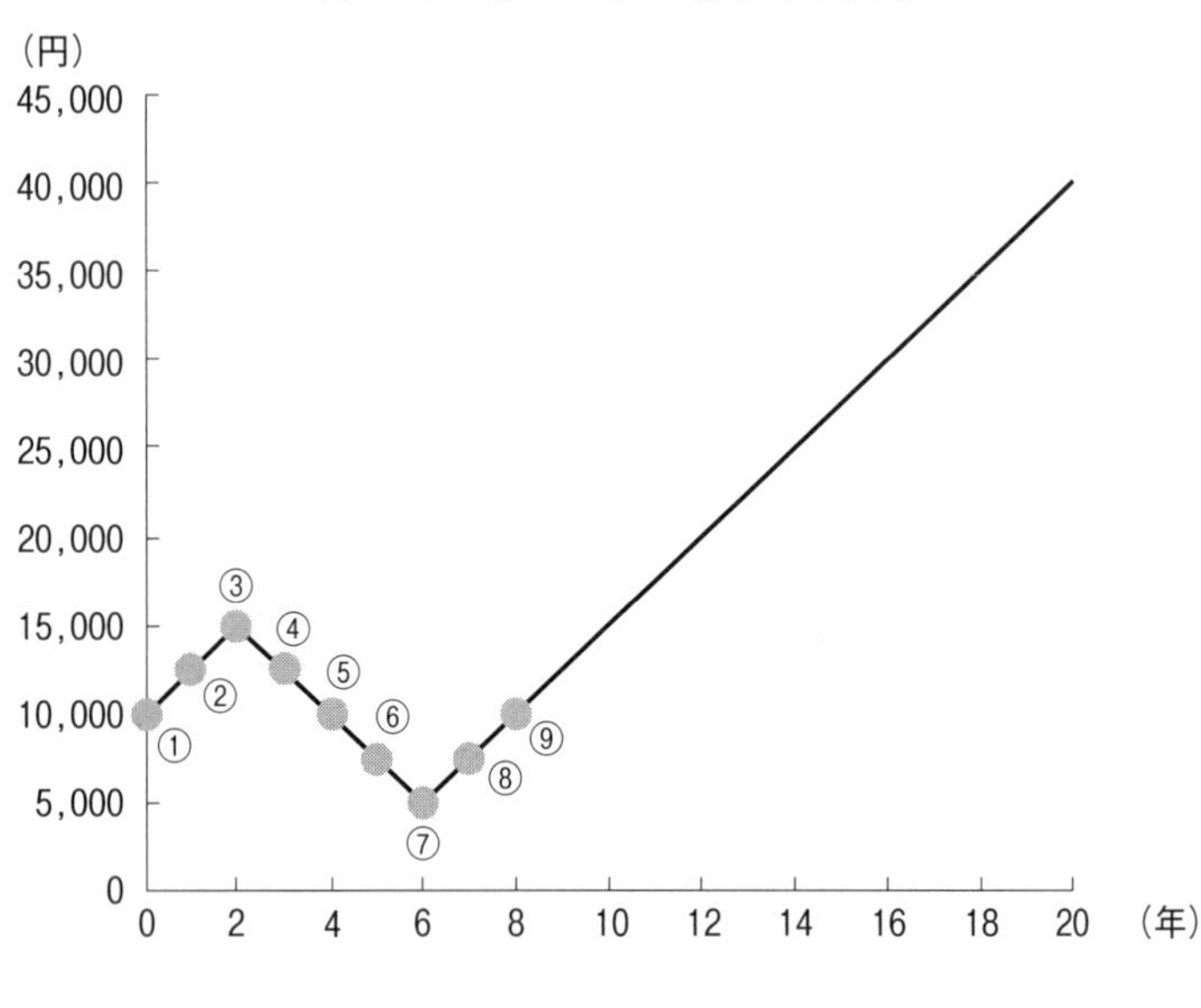

に掲載しています）。

少し意地悪な問題だったかもしれませんので、お客様には「①を選ばれた方は、『量』の視点がしっかりもてている証拠ですので、素晴らしいですね」とフォローしておきます。

1問目をウォーミングアップとして、もう1問解いてみましょう。

【第2問】

こちらも先ほどと同様に、どの番号からスタートしたら、成績がいちばんよかったか考えてもらいます。

お客様は「下がり始めがいいのかな」と考え、④で挙手をする人がいちばん多くなります。次に⑤と③が人気です。

しかし正解は⑥です。セミナーで使うと盛り上がるポイントなので、少し間をためてから正解を発表するのが効果的です。

成績がよかった順番に並べると次のようになります。

⑥→⑤→④→⑦→③→⑧→②→⑨→①

今回はかなり順位が複雑になりました。「こんなのわからないよ」と感じた方もいるでしょう。それこそ正しい感覚です。実は積立投資にとってベストのスタートタイミングがいつかは、だれにもわからないのです（参考までにスタート時点別の成績表を巻末に掲載しています）。

◆最安値から始めるのが最良とは限らない

このクイズで重要なのは、その後の考察です。まず、積立投資の場合、最安値からスタートするのがベストとは限らないと伝えます。

第1問の場合は⑤が最安値でしたが、ここでスタートしても成績の順位は5位でした。第2問の場合は⑦が「最安値」ですが、成績の順位は4位です。両問とも最安値で始めた結果は最高成績ではありませんでした。つまり、積立投資をする人にとって相場の最安値からスタートするのが、ベストとはいえないのです。

ホワイトボードに答えを大きく書いておくと比較してみやすい

			最高値		最安値				最高値
第１問：	②	③	①	④	⑤	⑥	⑦	⑧	⑨
第２問：	⑥	⑤	④	⑦	③	⑧	②	⑨	①
				最安値	最高値				

逆に、「最高値」から始めた場合はどうでしょうか。第1問の場合は①が最高値ですが、成績の順位は3位でした。第2問の場合は③が最高値ですが、成績の順位は5位でした。つまり、最高値から始めたらいいというわけでもないのがわかります。

積立投資の場合、安い価格帯から始めればよいわけでもなく、逆に高い価格帯から始めればよいというわけではないのです。

ここでお客様に「では積立投資はどのタイミングでスタートすればいいのでしょうか」と問いかけます。

この質問はむずかしいので、お客様も悩みます。少し悩んだところで、答えを出します。

正解は「いつでもいい」です。ただ、その答えだとお客様は納得してくれませんから、解説を続けます。

◆積立投資を始めるタイミングはいつでもいい

積立投資は始めるタイミングが重要でない理由を説明します。積立投資とは、毎月コツコツと投資していく手法です。10年間なら１２０回買うこ

積立投資のスタートのタイミングは重要ではない

・10年間で考えた場合、120回投資を行う
→スタートのタイミングは最初の１回にすぎない
→買付口数全体の120分の１の影響しかない

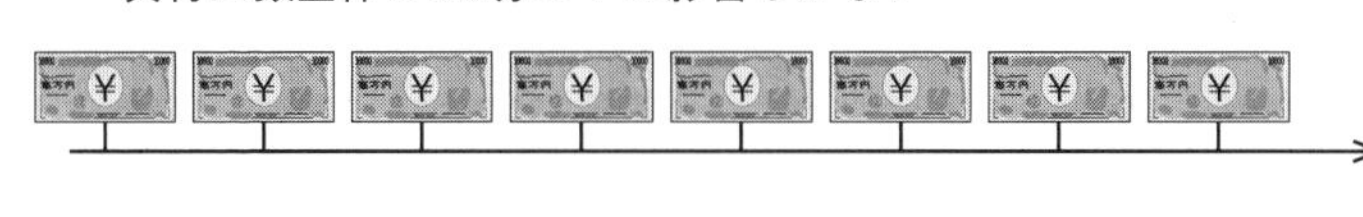

とになります。

スタートするタイミングとは、たくさんある買付けのタイミングの初回にすぎないのです。1回目を買ったら、翌月2回目、翌々月3回目と毎月決まった金額ずつ購入していきます。10年間の積立投資をするなら、それが120回くるのです。

つまり、初回は、買付口数全体に対して120分の1、1％未満の影響しかありません。

積立投資の場合、同じ金額ずつ投資していくので、初回が特別重要というわけではないのです。

多くの人は、「投資は始めるタイミングが重要」と思い込んでいます。それは、「量」の視点が欠落しているからです。しっかりと「量」の視点をもち、それを時間をかけながら貯めていくことが積立投資と考えれば、始めるタイミングは重要でないことがわかります。

◆一括投資は「量」をまとめ買いしている

なぜ、ほとんどの人は「投資は始めるタイミングが重要」と思い込ん

一括投資は「量」を最初にまとめ買いしているだけ

投資の成績＝　量　×　価格

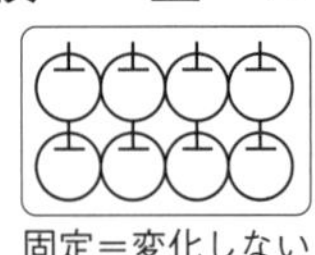

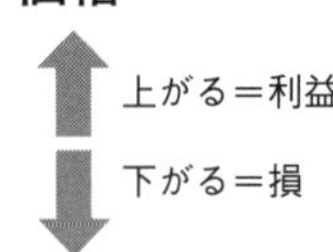

一括投資の場合、「量」を最初にまとめ買いし、
その後は変化しない＝「価格」で投資の成績が決まる

でいるのでしょうか。それはいまの説明の裏返しになりますが、「量」の視点がないからです。

一括投資の場合、最初にまとめて投資します。最初の「価格」でまとめ買いしているのです（保有資産の価格が下がったときに買い増して取得平均価格を下げるナンピン買い等は考慮しません）。

その時に「量」が決まります。積立投資の場合、毎月量を買って積み上げていきますが、一括投資の場合、最初にまとめ買いで「量」を決めてしまうのです。一括投資では買い増しをしない限り、その「量」は変化しません。

ですから、まとめ買いをした最初の「価格」よりも値上がりすれば儲かり、下落すれば損になるのです。

このように、一括投資の世界は「価格」で投資の成績が決まります。一応、一括投資も「量」が関係するのですが、ほとんど意識されてきませんでしたし、金融機関もそのことをきちんと説明してきたわけではありません。その弊害として、「価格」だけで投資を考える人ばかりになってしまいました。

それが高じて、「投資は価格を当てる博打」のように悪い風評までできてしまいました。これからの金融業界は、その風評被害を払拭するためにも、「量」×「価格」の視点をお客様に説明する力が求められます。

◆積立投資は早く始めたほうがよい

積立投資のタイミングは気にしないでよいことがわかったら、「積立投資は始めるなら、すぐに始めたほうがいい」と伝えます。

積立投資は早く始めることで、確実に「口数」を貯めることができます。5年前から始めている人は、今日始める人よりもたくさんの「量」を買い貯めています。

5年後に始める人より、今日始める人のほうが多くの「量」を買えます。積立投資の成績を決める2つの要素のうち、「量」については早く始めることで、確実に貯められるのです。

「時間を味方につけましょう」という長期投資の説明につなげるのもいいストーリーです。資産運用は「長期分散」が重要なので、そのルールにのっとるのです。

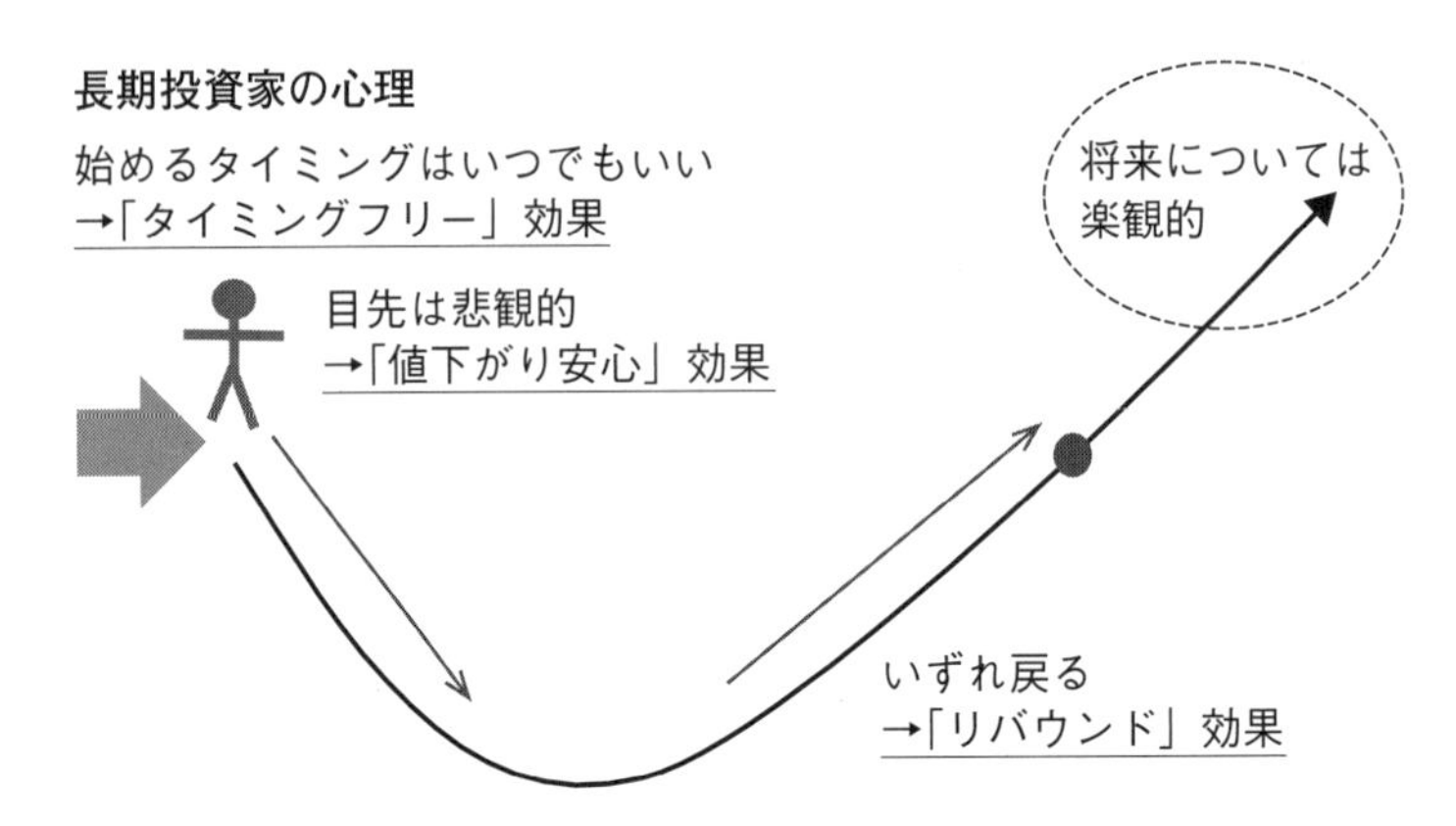
長期投資家の心理
始めるタイミングはいつでもいい
→「タイミングフリー」効果
目先は悲観的
→「値下がり安心」効果
将来については
楽観的
いずれ戻る
→「リバウンド」効果

2 「タイミングフリー」効果の意味

「タイミングフリー」効果の意味を確認します。本書で度々登場する短期的悲観・長期的楽観のグラフです。

第2章「値下がり安心」効果の説明により、投資を始めた後の価格下落不安を払拭します。第3章「リバウンド」効果の説明で、元に戻ったときに利益が得られる「期待」を示します。長期的楽観に対して、第4章「積立投資の鉄則」で世界経済の今後の成長期待を示します。

「タイミングフリー」効果は、スタートを後押しするために使います。「悩んでいても、意味ないですよ」「積立投資こそ思い立ったが吉日ですよ」というアシストを出すのです。

これまで「商品の価格変動」という視点でクイズを出してきましたが、タイミングという視点に切り替えて、スタートの1歩目を踏み出す重要性を伝えます。

「タイミングフリー」効果を説明するときは、それまでに教えた積立投資の特徴もいっしょにおさらいしましょう。

始めるタイミングに悩まないでもよく（本章「タイミングフリー」効果）、仮に始めてから下がってもよく（第2章「値下がり安心」効果）、下がったら元に戻るだけで利益が得られる（第3章「リバウンド」効果）のです。仮に値上がりしてもよく（第5章「値上がり」効果）、いちばん重要なことは中長期的に成長する資産に積んでいくこと（第4章「積立投資の鉄則」）です。おさらいによって、理解が深まり、自信につながります。

◆「タイミングフリー」効果のまとめ

積立投資は早く始めたほうがよい結果につながりやすくなります。理由は、早く始めたほうがたくさんの「口数」を買い込めるからです。

「投資は安いところから始めたい」「投資を始めて、下がったら嫌だ」と思っている人には「量」の視点を伝えましょう。

積立投資でスタートのタイミングを測ることは無意味ですらあります。自分がコントロールできないことに頭を悩ますのは無駄だからです。早くスタートして、口数を確実に買い込んでいくのが得策です。

「タイミングフリー」効果を伝え、1日でも早く積立投資をスタートするように、促しましょう。

第7章

積立投資の見直しのポイント

1 毎月積み立てる部分と積み上がった部分

本章では積立投資の見直しについて説明します。一般的に資産運用において、見直しを「リバランス」と呼びます。

次頁の上の図は毎月1万円ずつ積立投資をしていった場合の投資金額の推移です。棒グラフの上の部分は毎月、積み上げていく資金、そして下の部分がそれまでに積み上がった金額です。その合計が総投資金額になります。このグラフの横軸は1年間なので、12カ月間で12万円の積立投資をしています。

積立投資の見直しでは2つの視点が重要です。1つは「毎月、積み立てている部分（A）」に対する視点、もう1つは「これまでに積み上げてきた部分（B）」に対する視点です。

次に下の図は10年間の積立投資の推移です。投資を始めて10年も経過すると、下の累積部分（B）の比率がどんどん高くなっているのがわかります。積立投資は、時間が経つにつれ、積み上がる部分（B）の比率が高まります。このため積立投資の期間が長くなるほど、積み上がった部分（B）に対するメンテナンスが重要になります。

積立投資の見直しを検討する際に、よくある勘違いは、「毎月積み立てる商品（A）を変更し

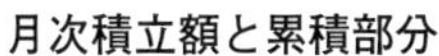

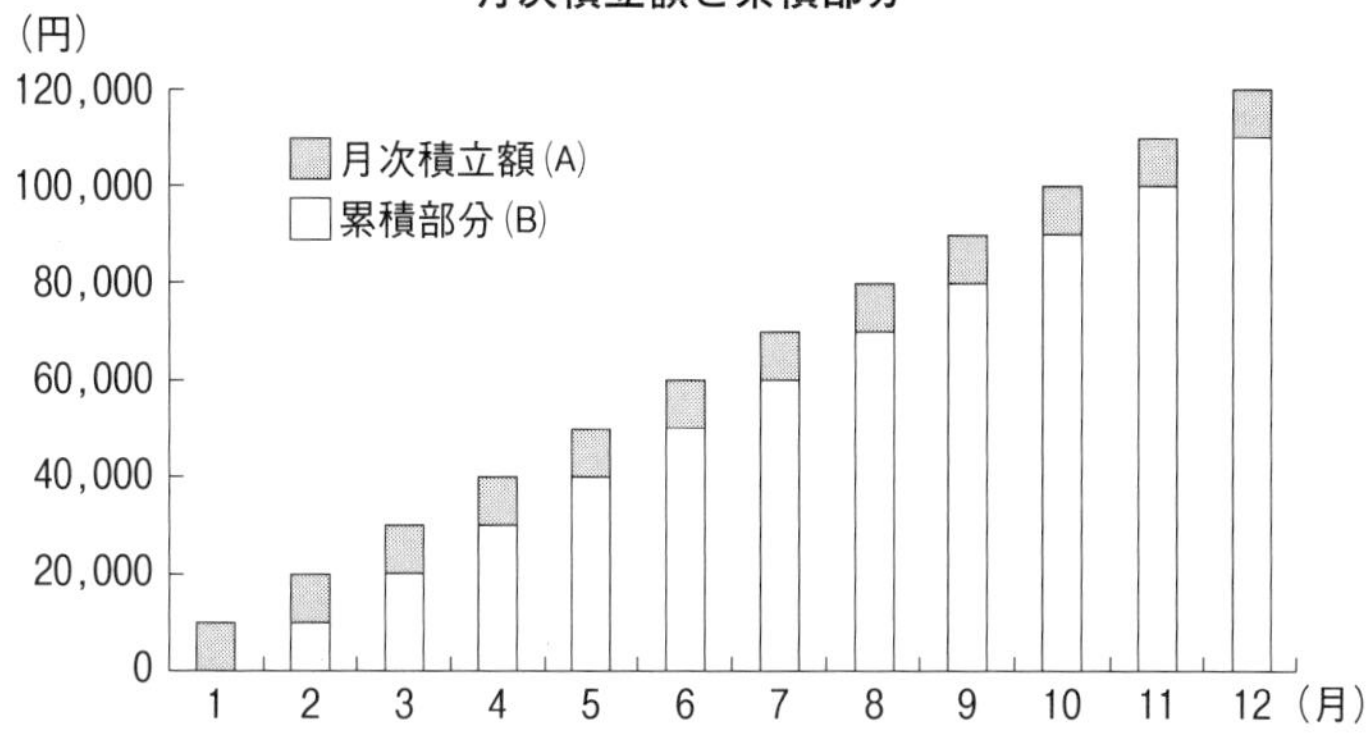

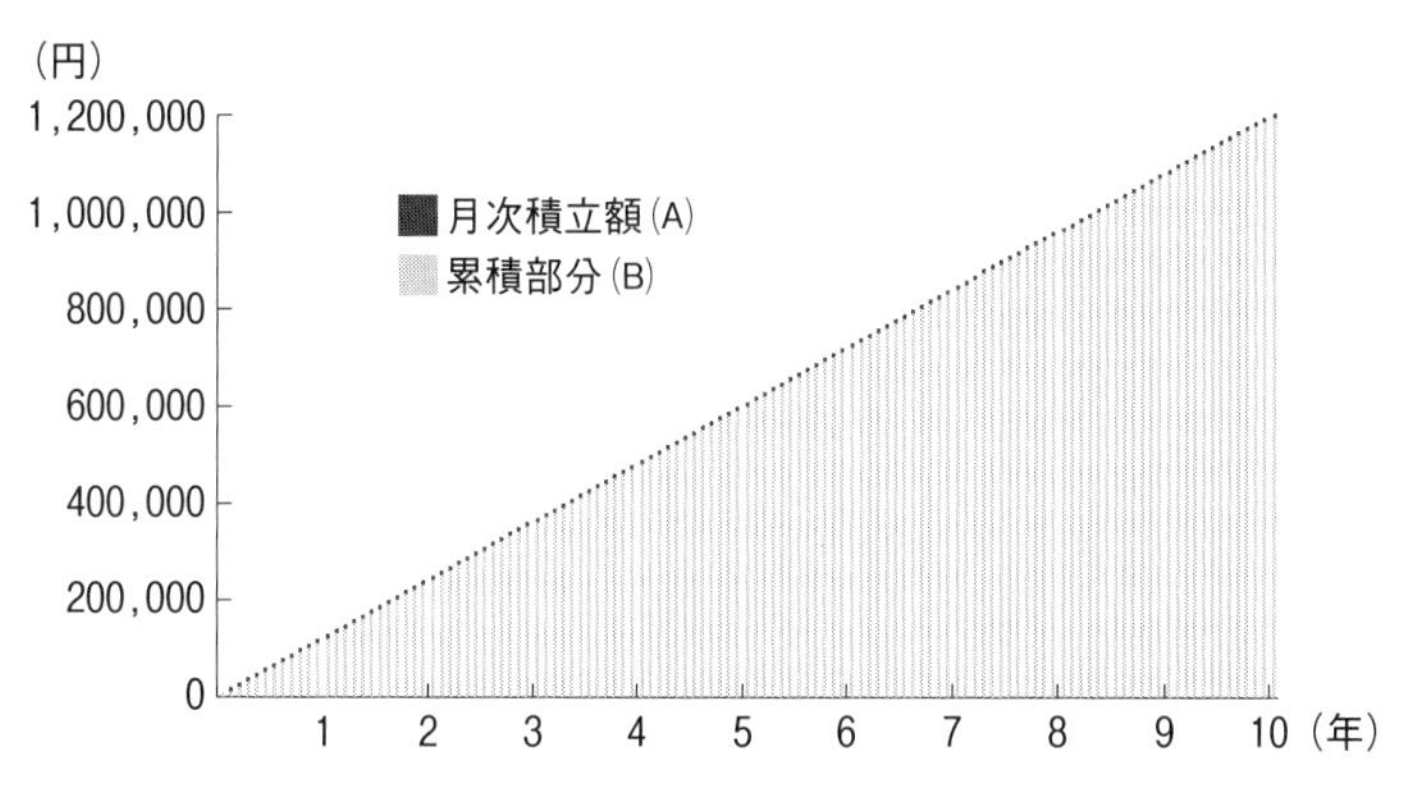

ようという考えです。もちろん、毎月の積立商品を変更してもいいのですが、劇的なメリットは期待できません。ジワジワと数年かけて積み上がってきたときに効果が出てきます。

それよりも、すでに積み上がった部分（B）を、見直すべきです。見直しのポイントについては、この後説明しますが、目安とする資産配分と見比べて、比率が大き過ぎる資産は一度売却し、比率が少ない資産に組み換えます。見直しの優先順位は積み上げた部分（B）→毎月の積み立てる部分（A）になります。

2 目安は60歳で株式50％

提案の際に、将来の見直しの一般的な目安として、「60歳で株式50％」を伝えるといいでしょう。

次頁のグラフは、アメリカ人が「老後の資産づくり」をするために積立投資をしている人の平均的なアセットアロケーションを示したものです。

20代から30代の資産形成の期間は積極的に株式に投資を行い、リタイアメントの60代を迎える頃に約半分を株式にしています。

60歳で株式を50％保有することに抵抗感を感じる人もいるかもしれません。しかし、医療技術の進展により、日本人の平均余命は伸びる一方です。ちょうど60歳の人はこれから先さらに男性で約23年、女性で約28年生きていくことになります。株式のリスクをおそれすぎると、「長生きリスク」をカバーできなくなるおそれがあります。

それだけの長い期間に対しては、資産の一定程度は株式で中長期的に資産を増やすのは合理的

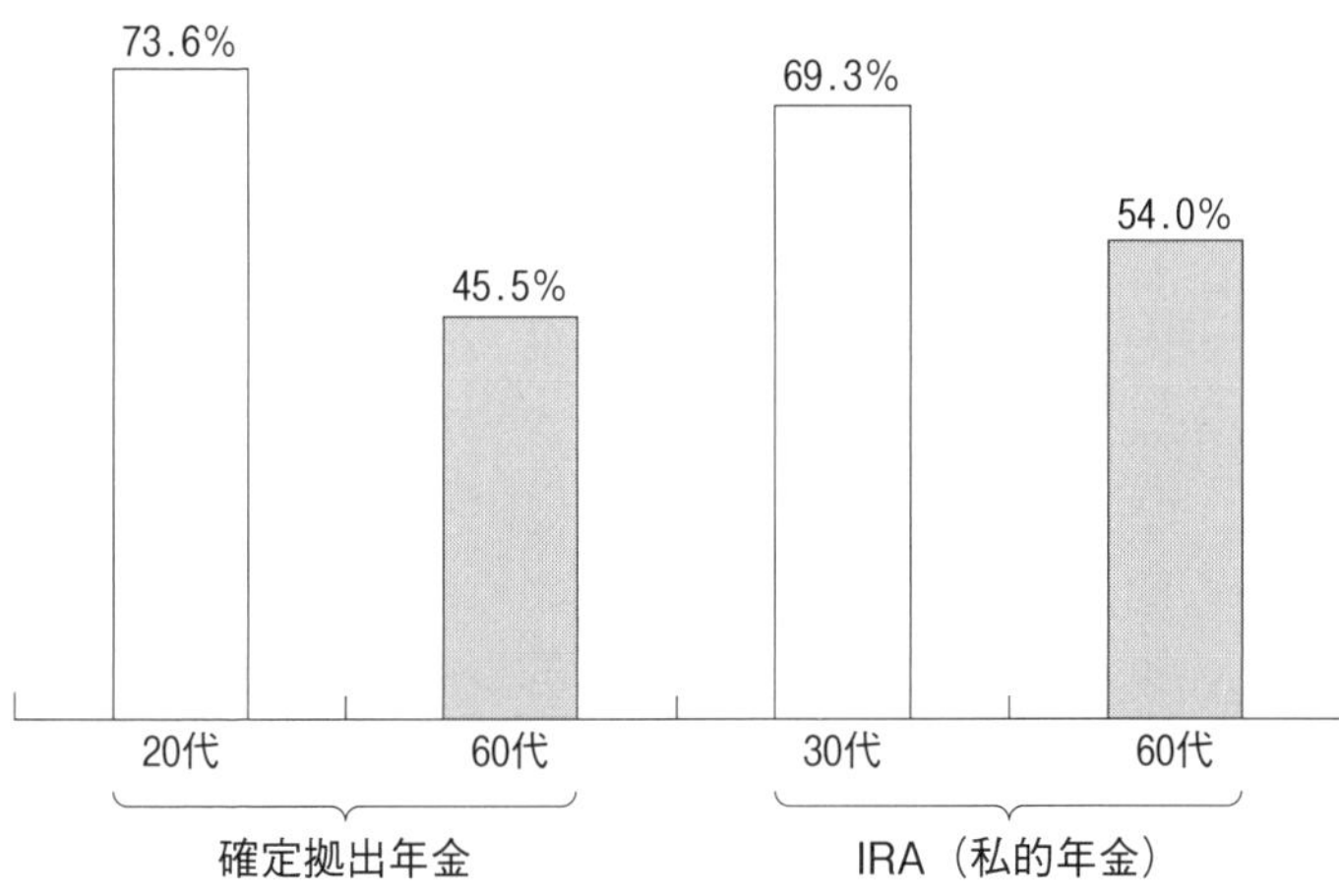

（出所）米国投資信託協会より筆者作成

と思われているのです。

老後の資産づくりが目的の場合、将来の一時点で全額がどうしても必要になるケースはほとんどないと思います。突発的に多額の資金が必要になるケースは、どちらかというと保険で備えるジャンルです。

「長生きリスク」はほとんどの人が抱えることになるリスクです。それに対処するためにも、株式をもつことをおそれすぎないように伝えるのも、これからの金融業界の人間の役割です。

◆積立投資を始めたら基本的には放置でよい

一般的な資産運用の教科書では「定期的なリバランス」をすることを勧めています。しかし、積立投資の場合、運用を始めた当初は、リバランスを気にする必要はありません。積立投資を何年も続けて、「口数」がある程度貯まった後、その時の状況次第で検討すれば十分です。

将来時点で、ある程度成績がよければ、そこで積み上がった部分を安定運用に切り替えてもよいでしょう。

将来時点とは、ライフプランの境目などです。40代から50代になるなど、年代が変わった時や、子どもが手離れした時など、大きな節目で考えましょう。20代から30代の若いうちは、株式中心で積極的に運用していけばいいと思います。

◆ターゲットデートファンド

まだ日本ではなじみが薄いのですが、アメリカで一般的に普及しているターゲットデートファンドというものを紹介します。ターゲットデートファンドとは、投資家のライフプランや運用の期日に向けて、ファンドが自動的に資産配分などを調整してくれる機能（リバランス機能）をもったファンドです。

たとえば、20、30、40代の資産形成をねらう時期は、株式の比率を高くし、50代になるにつれ少しずつ債券などの比率も高め、60代のリタイアメントの時期に近づくにつれて債券等の比率を高めるイメージです。

ターゲットデートファンドの残高推移（1ドル＝100円換算）

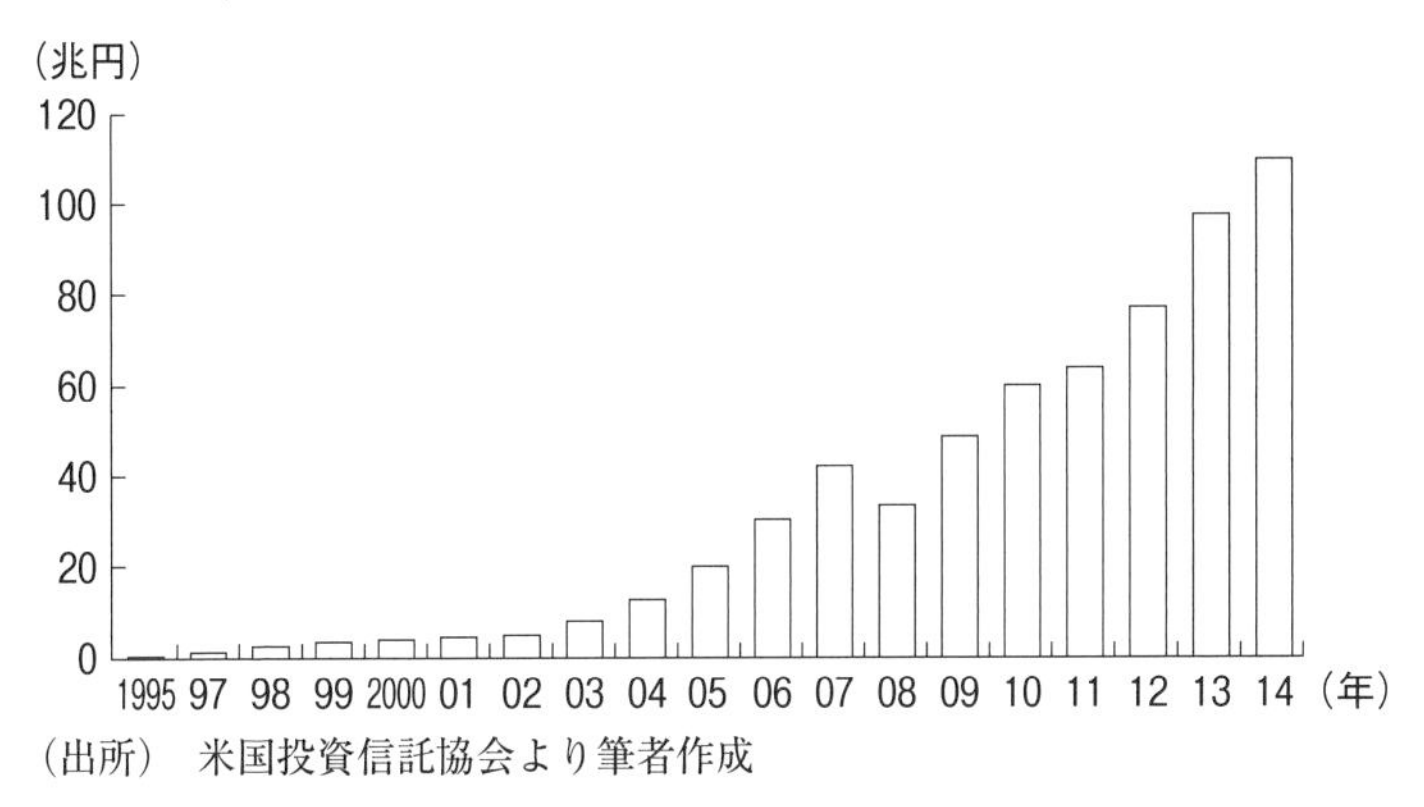

（出所）米国投資信託協会より筆者作成

このファンドの特徴は、資産運用にリスクコントロールの「仕掛け」を組み込む点です。あらかじめルールを設定し、ライフプランに沿ったかたちで資産配分を調整してくれる「機能」をもつファンドです。

◆アメリカで残高を伸ばしているターゲットデートファンド

ターゲットデートファンドは、アメリカで確定拠出年金での採用を中心にして、残高を伸ばしています。

上の図は、１９９５年末から２０１４年末までのアメリカのターゲットデートファンドの残高の推移です。

なぜ、リーマンショックをはさんで急にターゲットデートファンドが伸びたのでしょう。理由は２００６年のアメリカの年金改革法です。アメリカの確定拠出年金では、加入者が自分の投資資産を選べますが、加入者が特に何も選択しなかった場合、最もリスクの低いＭＭＦ（流動性が高い公社債を中心に運用される投信）に投資されるのが一般的でした。

ところが、ＭＭＦに投資を続けても、収益は期待できません。それを放置するのは機会損失を被ることになるという点が問題になりました。

そして、２００６年の法改正により、確定拠出年金加入者が何も商品を選ばない場合には、自動的に「ターゲットデート」型のファンドを選択するように事業主が設定できるようになったのです。事業主はその投資結果について受託者責任を問わないとされたので、一気にターゲットデートタイプのファンドが広がったのです。

◆バンガード社のターゲットデートファンド

運用資産が3兆３０００億ドル（３３０兆円。１ドル１００円換算）に達し、日本の投資信託の残高の3倍以上の預り資産を誇るバンガードのターゲットデートファンドの比率は次頁の図のようになっています。

リタイアメントの時期に株式（米国株式＋世界株式）が合計で約50％、債券（米国債券＋世界債券）が約40％、短期金融資産が10％です。

リタイアメントから25年前までは、約90％を株式で運用しています。そこからリタイアメント

バンガードのターゲットデートファンドの配分例

[現在の配分状況]

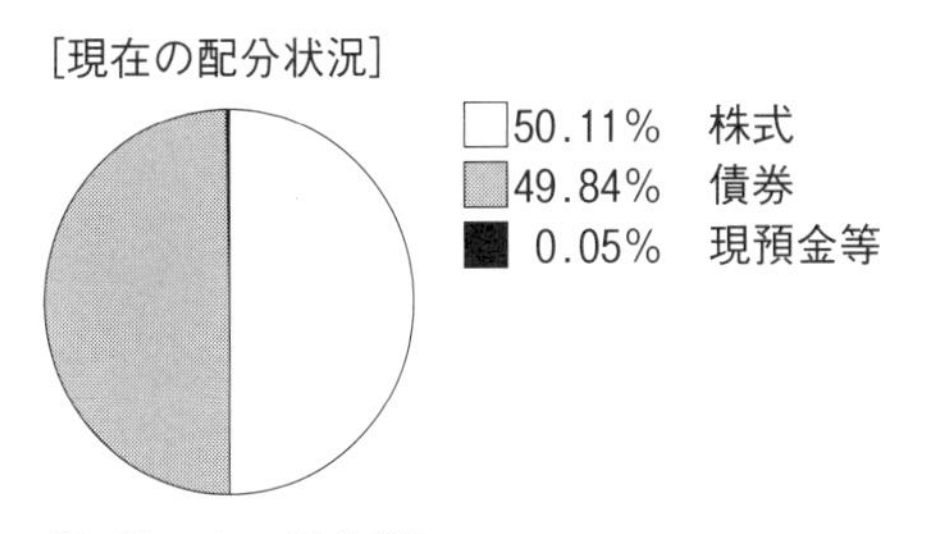

[年齢による配分例]

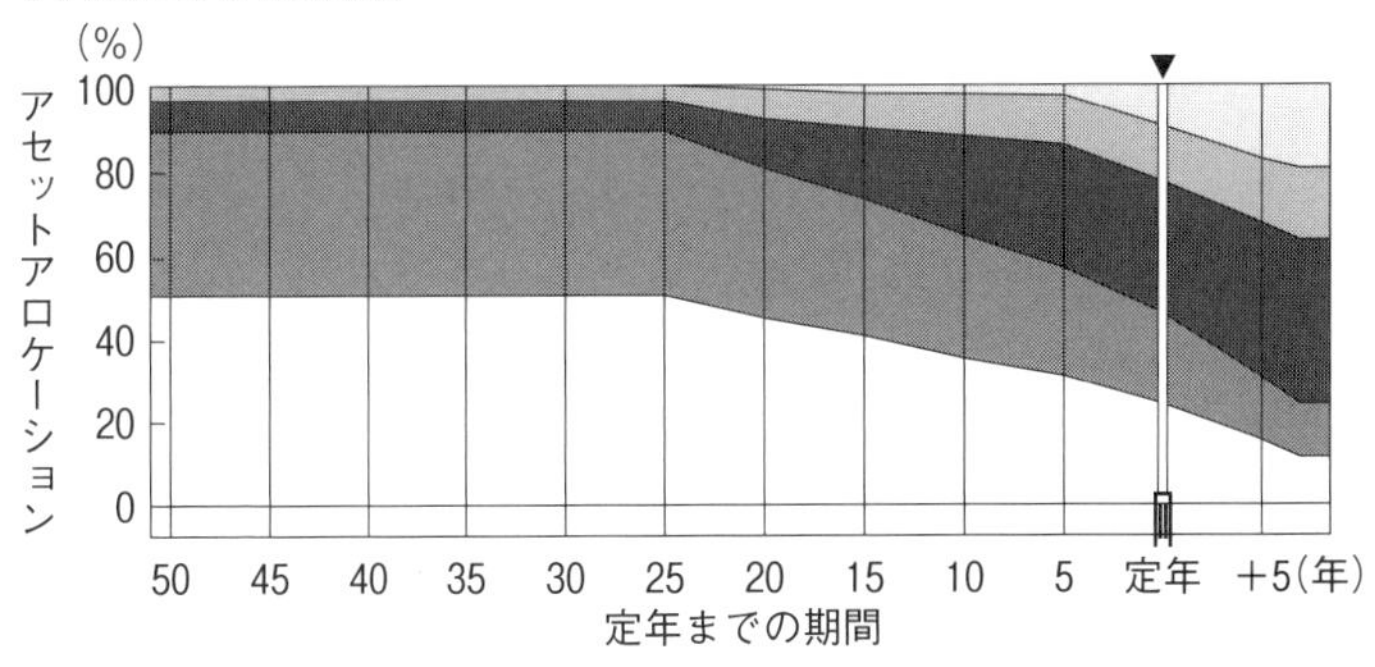

(出所)　バンガードの資産配分シミュレーションツールより筆者作成

に向けて、徐々に株式の比率を下げ、債券の比率を高めています。

リタイアメントから10年が経過した頃には株式の比率を30％、債券の比率を50％、短期金融資産の比率を20％程度にしています。株式の比率は決してゼロにはせず、中長期的なリターンをねらっています。

ターゲットデートファンドは、ほかにも多数あります。ただ、だいたい似たような商品比率の推移になっています。若いうちは株式中心で積み、60代で株式50％を1つの目安として、お客様に伝えましょう。

3 リバランスも価格だけみると間違う

積立投資でリバランスを考えるときも「価格」だけでみないようにしましょう。あくまで「量」×「価格」の視点が重要です。

次頁のグラフは日本株式と世界株式（先進国のみ）の値動きです。仮にそれぞれに1万円ずつ積立投資を行ったとします。

同じ金額ずつ投資していくので、投資金額の比率は50％ずつになります。しかし、それぞれの値動きが異なるため、資産配分にズレが生じてきます。A・B・Cの時点のうち、最もその比率

日本株式と世界株式の推移

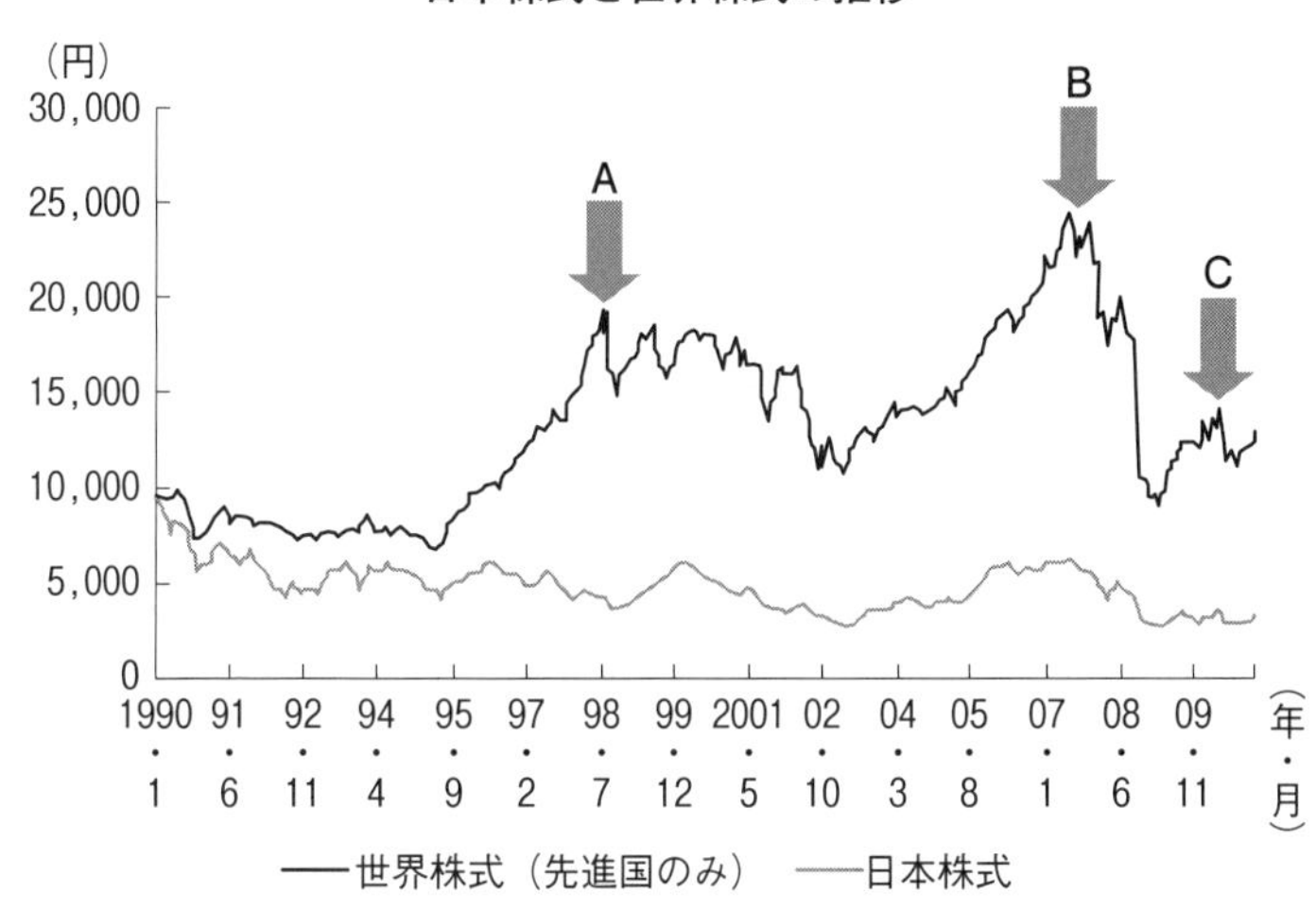

のズレが大きいのはどの時点でしょうか。

正解はAです。Aの時点で両資産への投資比率は次のようになります。世界株式（上）：73％、日本株式（下）：27％。基準を50％ずつとすると、それぞれ23％ずつのズレが生まれています。

Aの時点で、世界株式は１万９２１１円に対し、日本株式は４３８０円です。価格差は約４倍以上ついています。

それでも、資産比率は基準の50％ずつから23％のズレなのです。

次頁のグラフは、配分の推移を示しています。Aの時点が最もズレが大きかったのですが、その後はズレが少しずつ小さくなっていき、世界株式60％、日本株式40％と基準から約10％のズレで推移しています。この間、世界株

日本株式と世界株式の資産配分の推移

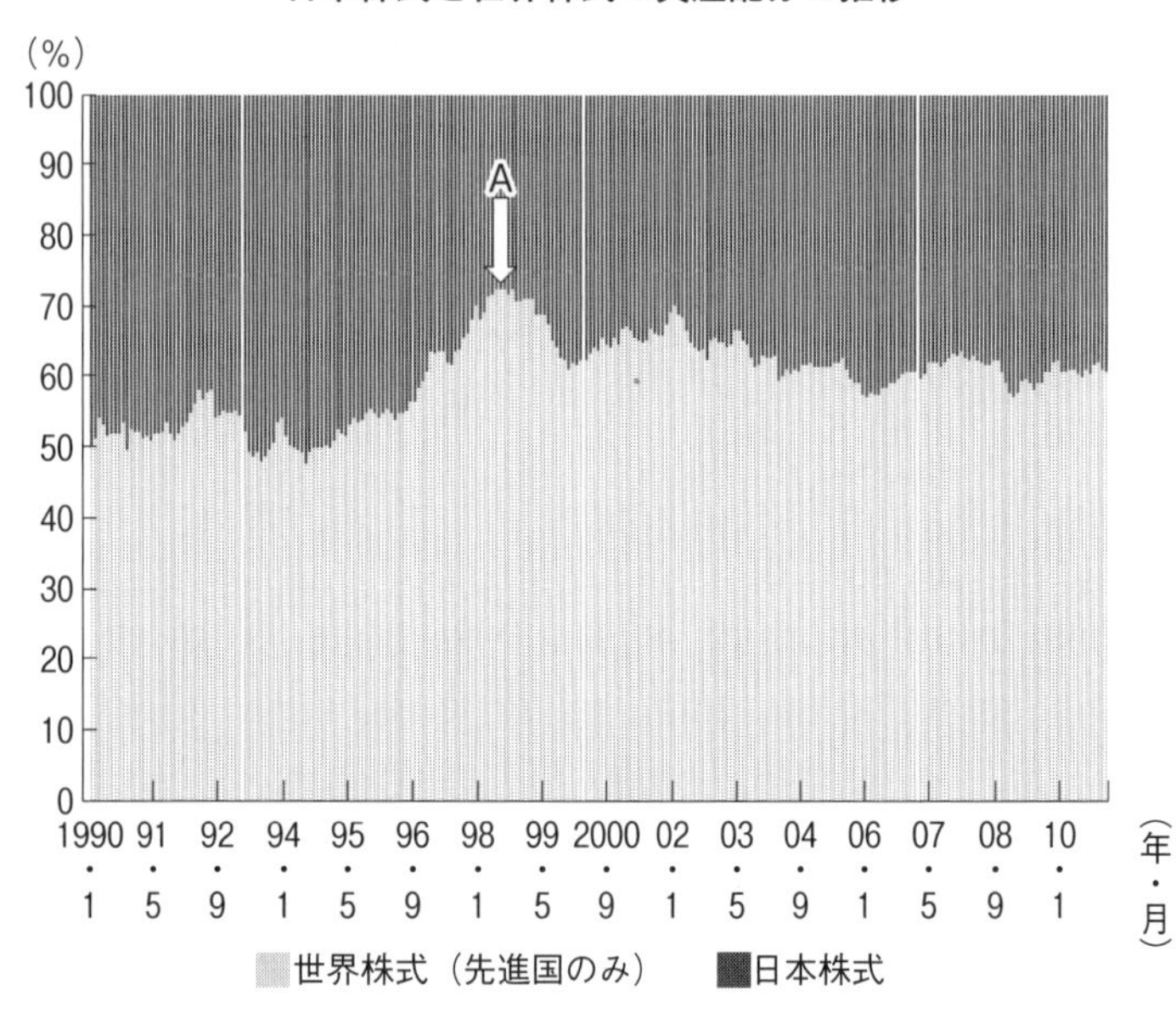

式と日本株式の値動きはまったく異なるにもかかわらず、値動きの差ほど資産配分の差は広がっていないのがわかるでしょう。

このように、積立投資の場合、商品の値動きと投資の成績は異なります。それは、リバランスにおいても同じです。商品の値動きだけをみて、見直し比率を調整しようと思っても、価格の違いをみているほど、資産比率にズレが生じていないことが多いのです。

4 将来の期限がある場合の考え方

投資商品には期限があるものがあります。積立投資の対象を検討する際にそれを気にするお客様もいます。

確定拠出年金の場合、60歳で拠出停止後10年間のうちに支給時期を選べるようになっています。10年間あれば、運用が悪い時期もあると思いますが、いい時期もくるでしょう。そのなかで受け取る時期を決めます。

先ほども述べましたが、そもそも老後の資金づくりのために運用をしているなら、ある時突然、全額が必要になるケースはほぼないはずです。

それが嫌なら、70歳や75歳など少し長めに設計しておき、それまでの間に解約するのも、1つの方法です。

そもそも確定拠出年金や変額保険などの場合、長い期間取り組めば、損をする可能性はかなり低くなります。最後に多少の下落がきても、利益が出ている人が多いはずです。

それだけ長期で運用しているにもかかわらず、損をするほど下がるということは、投資でいえば、チャンスです。現金が戻ってきたら、手元の資金を追加して、迷わず再投資をしましょう。

積立投資では、将来の終わりに期限があることは特に気にしないで、スタートしてもかまわないのです。

5 積立投資の見直しやリバランスのまとめ

積立投資の見直しは2つの視点が必要です。積み立てる商品と、積み上がった部分です。積み上がった部分を見直すのが基本です。

積立投資の見直しは、10年単位やリタイアメントが近づいてきた程度で考えれば十分です。「口数」が積み上がっていない段階では考える必要はほとんどありません。

1つの目安として、60歳で株式50%を伝えましょう。若い間は株式中心で積極的にリターンをねらいにいくのがいいでしょう。

過度に株式を敬遠する方には「長生きリスク」、運用しないことのリスクも伝えましょう。60歳まで生きた人の余命は、それなりに長いのです。

積立投資の見直しについて、細かすぎる説明は不要です。資産配分の目安や考え方の基本をお客様に伝える程度で十分でしょう。

第8章

積立投資の特徴を生かした変額保険（平準払い）

1 変額保険（平準払い）とは

積立投資の考え方は、投資信託や株式だけではなく、保険にも活用できます。それが変額保険の平準払い型の商品です。変額保険（平準払い）は、一言でいえば、投資信託への積立投資（ドルコスト平均法）と、生命保険がセットになっている商品です。毎月、支払う保険料の一部を死亡保障等に充て、残りを投資信託（特別勘定）に積立投資していきます。今後、各金融機関で採用が活発化すると思われる変額保険（平準払い）について、解説します。

変額保険や変額年金保険と聞くと、保険料の一括払いをイメージする方が多いと思います。一時期、多くの金融機関が精力的に販売しました。しかし、その後、マーケットの下落により運用実績が低下するなか、最低保証をする保険会社の責任準備金負担が重くなったことから、販売を停止する商品が相次ぎました。本稿で紹介するのは過去に流行ったこの「一括払い」ではなく、毎月保険料を支払っていく「平準払い」です。

2 変額保険（平準払い）の加入者のメリット

変額保険（平準払い）の加入メリットを3点紹介します。

◆税制メリット

保険の仕組みを使うことで、加入者にとっては投資信託と異なる各種税制などのメリットがあります。

支払保険料は「生命保険料控除」の対象になります。解約返戻金や満期保険金は、一時所得であり、投資信託の利子所得や譲渡所得と比べて税制面で有利になることが期待できます。

法人で福利厚生目的に全員加入する場合、保険料の2分の1を損金算入可能（条件あり）など、税制上のメリットがあります。死亡保険金が従業員の遺族に支払われるので、福利厚生の拡充になります。また、満期時には法人が受取者になり、役員・従業員の退職金財源としても利用可能です。

役員向けで保険料が損金算入不可（資産計上）のケースでも魅力はあります。投資信託と異なり、時価評価ではなく簿価評価でよいので、経営者は安心して保有できます。利回りがよいときは解約・減額で利益を出し、悪いときには損金で落とせるなど会社の最終利益を調整する手段として重宝されています。役員保険として加入して、経営者の退職金準備に使えます。

◆高い予定利率で死亡保障を準備できる

現在の生命保険の標準予定利率は1％程度です。投資信託単体で運用する場合でも、死亡保障を用意するには、別途、こうした低い予定利率の保険に加入する必要があります。投資信託＋生命保険（掛け捨ての定期保険）という選択があるのでしょう。

変額保険（平準払い）の現在の予定利率は3・5％程度です。同じ死亡保険金で比較すると、予定利率が高いということは、保険料を安く抑えることができることを意味します。

つまり、変額保険（平準払い）は、合理的なコストで、死亡保障が同時に準備できるのです。投資信託単体と生命保険の組合せでもつのと、変額保険（平準払い）だけで用意するのでは、単純にどちらが有利とはいえません。お客様に必要な保障内容に重点を置いて決めるのがいいと思います。

◆運用中は非課税

変額保険（平準払い）は、保険期間中の運用益に対し、非課税で運用できます。ＮＩＳＡや

DC（確定拠出年金）のような非課税運用の制約（加入期間、金額、加入対象者、途中引出しの制約など）が少ないので、多くの人が柔軟に活用できます。

3 変額保険（平準払い）の販売側のメリット

次に、変額保険（平準払い）の売り手になる金融機関のメリットについて解説します。

◆平準払いの死亡保障の販売が同時にできる

平準払いの死亡保障を目的とした生命保険の販売が伸び悩んでいる銀行が多いようです。銀行の生命保険販売に対する認知度がまだまだ十分ではないからでしょう。

銀行は、もともと預金をして「お金を増やす」場所でした。その銀行に死亡保障の相談に来る人は、まだ限られています。

その点、変額保険（平準払い）は、銀行員がお客様に、お金を貯める方法の1つとして提案できます。資産形成をしながら、合理的に死亡保障もつくる提案です。

このほうが、銀行に足を運ぶお客様のニーズに合致しやすく、販売のハードルが下がります。

生命保険の販売に悩んでいる金融機関は、変額保険（平準払い）を提案すれば、積立投資と同時に死亡保障型生命保険が提案できます。

◆経営者層への追加提案の選択肢が増える

証券会社の場合、生命保険の案件はあまり多くはありません。ただ、もともと投資信託の販売を得意とし、また、顧客層に富裕層や経営層が多い点にかんがみ、既存客に追加提案するいい選択肢になりえます。

企業経営者は、福利厚生を拡充しながら、2分の1損金をねらえるスキームについて興味深く話を聞いてくれるでしょう。損金落ちがなくても、簿価で評価できる変額保険は投資信託にはない魅力があります。

さらに医療法人など配当ができない法人は、経営者に報酬として支払うよりも、退職金として積み立てていき、将来時点で受け取るほうがメリットが大きくなることが期待できます。

付加価値の高い提案ができると、顧客からの信頼感が高まります。そこから従業員への勉強会を通じて、いままでは十分アプローチできなかった職域への提案も活用すれば、顧客の裾野拡大にも寄与します。その先には、職域ＮＩＳＡ、確定拠出年金、退職金の運用相談など、さらにビジネスチャンスが広がります。

筆者は、金融機関に勤務していた頃、法人向けに積立投資を提案していました。長期修繕積立金の準備という名目でセミナーを企画したら、全国で数百法人の参加がありました。積立投資の提案は、一括投資にはない、新しい切り口からの提案が可能になります。法人対象であれば、数百万~数千万円の案件はたくさんあります。変額保険（平準払い）は法人マーケットに提案するにも魅力的なツールになることでしょう。

◆資産形成層の開拓ができる

筆者はいま、全国の地銀、第二地銀、信用金庫、労働金庫、証券会社などで研修や講演に呼ばれ全国を回っています。先々でお話を伺うと、どの金融機関も資産形成層の開拓に苦慮されています。セミナーを開催しても、参加者の平均年齢は60代半ばがほとんどです。せっかく若い人に積立投資の話を聞いてもらいたくても、なかなか足を運んでもらえないという現実があります。

資産形成層の開拓は、各金融機関の重要な経営課題です。顧客層が高齢者に偏ると、金融機関経営の中長期的な成長には不透明感が増します。

こうした金融機関の悩みを解決するのに、変額保険（平準払い）は役に立ちます。

第9章のインタビューで紹介しているアクサ生命における変額保険の保有者は、40代以下が約90%を占めます。未成年、20代、30代、40代が変額保険の主な加入者です。一般的に、金融機関の投資信託保有者の平均年齢は、50代から60代中心になるのではないでしょうか。それと比較し

変額保険（平準払い）の対顧客収益見込み

	収益見込み（円）	
積立金額（円）	初年度	2年目以降
10,000	48,000	12,000
30,000	144,000	36,000
50,000	240,000	60,000
100,000	480,000	120,000
300,000	1,440,000	360,000
1,000,000	4,800,000	1,200,000

てアクサ生命の変額保険顧客の若さが際だちます。

これは資産形成層の開拓に成功している事例です。今後、金融機関が資産形成層の開拓を行うなら、変額保険（平準払い）の活用は避けて通れないと筆者は考えています。

4 変額保険（平準払い）の収益シミュレーション

◆対顧客収益見込み

最後に、変額保険（平準払い）の収益イメージを上の表で紹介します。生命保険の販売手数料は、会社・商品・契約形態などによって異なります。本書では一般的な数値として、初年度支払保険料の40％を初年度の手数料とします。

金融機関全体の収益見込み

月間積立金額(円)	1支店月間販売件数	月間販売件数	年間獲得件数	収益見込み（億円）初年度	収益見込み（億円）2年目以降
10,000	10	1,000	12,000	5.8	1.4
10,000	30	3,000	36,000	17.3	4.3
10,000	50	5,000	60,000	28.8	7.2
20,000	10	1,000	12,000	11.5	2.9
20,000	30	3,000	36,000	34.6	8.6
20,000	50	5,000	60,000	57.6	14.4
30,000	10	1,000	12,000	17.3	4.3
30,000	30	3,000	36,000	51.8	13.0
30,000	50	5,000	60,000	86.4	21.6

計算を簡素化するために、加入月に1年分の手数料を受け取るかたちにしています。実際は、毎月分割して入ってきます。初年度は支払保険料の40％、2年目以降は支払保険料の10％とします。ただし、2年目以降の手数料は数年で終了するのが一般的です。

変額保険（平準払い）の毎月の積立金額が1万円の場合、収益見込みは初年度4万8000円、毎月3万円の積立金額なら14万4000円です。

◆金融機関全体でみた収益見込み

金融機関の支店の平均数は、ニッキン投信情報をもとに推計すると、地銀116、第二地銀74、信金32、信組25、労金48、農協系169となっています。そこで、支店数を100として簡単な収益シミュレーションをします（前頁の表）。

試算の条件は先ほどと同様です。仮に積立投資金額が平均1万円の顧客を各支店で月30件ずつの獲得を1年間行うと、初年度17・3億円、2年目以降で4・3億円の収益が見込めます。

これだけ収益の見込みが立てば、ある程度の人材を投入して、戦略的に積立投資を展開することが可能です。

◆変額保険（平準払い）はブルーオーシャン

現状、変額保険（平準払い）を提案している金融機関は極少数です。つまり、いち早く変額保険（平準払い）を採用することで、大きなビジネスチャンスを開拓できます。

アメリカでは保険の販売員が、運用会社のセミナーに参加し、マーケットの情報を仕入れ、変額保険を販売するのは当たり前です。

これからの時代、銀行・証券・保険の垣根はさらに低くなるでしょう。だれが最も顧客の立場に立って、提案できるかで勝負が決まるのです。多くの国民が「老後の資産不足」という大きなリスクを抱えているなか、真っ先に積立投資を本気で提案する金融機関が顧客から支持されるのは、ある意味当たり前になるでしょう。

また、積立投資なら、金融庁が厳しい目を向ける回転売買なども起こりません。長期で積み上げる手法だからです。コンプライアンス面でも、時代の流れに沿っています。

積立投資はブルーオーシャンな市場です。ライバルが少なく、マーケットは大きいです。個人だけでなく、法人マーケットもあります。そこを開拓する選択肢として、変額保険（平準払い）は有効な商品です。

第9章

積立投資への取組みと成功例

本章では筆者が、講演や研修、ｅラーニングの作成等でサポートした会社で、積立投資の普及に成果をあげている事例を紹介します。各会社の担当者にインタビューを行いました。

1 野村證券

営業業務部　辻　宏樹　様

当社では2012年頃から、営業モデルの変革に取り組んでいます。

従来型のいわゆる単品営業ではなく、お客様からの相談に応え、ヒアリングをじっくりしながら、コンサルティング営業へと本格的にシフトしてきました。もちろん、それまでもコンサル型営業は行ってきたのですが、本腰を入れるようになったと考えてください。

そのプロセスのなかで、各支店でのセミナーにも力を入れるようになりました。

相続やファンドラップ口座、ライフプランなどのいくつかのテーマで、支店で継続的にセミナーを開催するなかで、ファンドるいとう（投資信託の積立投資）も1つのテーマとして取り上げました。

そこで、社内で積立投資のセミナーができる人材を育成するために、本書著者の星野さんに積立投資の説明のポイントをお話ししてもらい、それを撮影し、社内のeラーニングシステムの教材にしました。各支店のセミナー担当者はその動画をみながら、セミナーでのポイントを学んでいます。また、実際にいくつかの店舗でセミナー講師としてお呼びし、職員向けの勉強会も行いました。

担当者も一緒にセミナーに同席する相談型セミナーも実施しました。いままではセミナーというとお客様だけが参加して、担当者と情報共有ができないところもありましたが、一緒にセミナーで学ぶことで、より深くセミナー内容などについて相談に乗ることができました。実際に、担当者も一緒に参加すると成約金額も高い傾向が出ています。

そういう取組みに加え、昨年（2014年）はNISAも始まりましたので、過去最高に積立投資の顧客数が伸びました。今期は昨年よりはややペースダウンしていますが、継続して積立投資の推進をしています。

積立投資の推進をするメリットの1つに、グローバル投資を始めやすいということがありま

著者のセミナー動画を、社内ネットワークでいつでも閲覧可能

す。

お客様にはぜひ世界の経済成長へ投資をいただきたいのですが、外国株式への投資は時にボラティリティが大きくなるため、買うタイミングが関係ない積立という投資方法ならば、比較的投資経験の浅い方も投資しやすいということです。

また積立には、お客様と継続的な取引関係を結べるというメリットもあります。

少し古い調査ですが2006年12月の電通が行った「団塊世代の退職金に関する意識調査」において、金融機関選択理由のヒアリングが行われました。「退職金や相続などのまとまった資金が発生したとき、何を基準に金融機関を選ぶか」という調査です。

「金融商品の品揃えの豊富さ」や、「家の近さ」などいくつも選択肢があるなかで、最も回答が多いのは、「すでに取引がある」という選択肢でした。やはり、普段から付合いがあると、何かあったときに相談しやすいのでしょう。

その点、積立投資は1回の取引は少額でも、継続した取引が可能です。若い人がすでにまとまった資金をもっていることはまれですが、いまから取引をしていただくことで、将来のまとまった資金の相談につながるでしょう。

積立投資については、若い人が将来のために積み立てるだけでなく、相続対策としてご活用いただくこともあります。何人かのお孫さんに、1人10万円ずつ暦年贈与するなど、それなりの金額を積立投資で贈与されている高齢のお客様もいます。

また、積立投資の「一緒にあわせた外交」を行っている営業担当者が社内で話題になっています。ある男性職員は、営業に行ったついでに、積立投資の提案をして、契約を獲得しているのです。半年ほどで200件以上のお客様から積立投資を契約いただきました。そして気づくと、毎月の資金流入が2000万円以上になっているのです。

ポイントは「外交のついで」という点です。積立投資のためだけに営業に行くのは、正直厳しいものがあります。しかし、行ったついでなら、効率的に提案できます。1人当りが担当しているお客様の数は数百人程度と限界はありますが、コツコツと提案していくと、実はそれなりの金額になると社内で注目されています。

たとえば、1つの支店に5名そのような担当者がいたら、月間1億円の資金は流入します。積立投資は地味ですが、中長期的にみると効果が実感できるのです。そういう〝ついで外交〟をして成果をあげ始めている職員が何名かいます。今後そのような事例がさらに増えるのが楽しみです。

2 アクサ生命保険

営業教育部 トレーニングナレッジグループ グループマネージャー
エキスパートセールストレーナー　鳥越　一　様

◆投資信託の普及には推進力が必要

当社では、特別勘定を通じた投資信託のドルコスト平均法の長期資産形成機能に、死亡保障を組み合わせた変額保険の平準払いを提案しています。星野さんとは、3年前に変額保険の平準払いの販売促進に力を入れ始めた頃に、販売員の方を対象にした研修をお願いして、今期はあらための研修と、従業員を対象にしたeラーニング教材の作成に協力してもらいました。

2014年の投資信託協会のアンケート（投資信託に関するアンケート調査報告書2014年）をみても、投資信託の保有者は10％程度で全然広がっていません。

2014年からNISAも始まり、確定拠出年金に関しては制度発足から15年経とうとしていますが、若年層に対して投資信託の普及が広がっているようには思えません。

その大きな理由の1つとして考えられるのは、「推進力の不足」です。資産形成層に対する面談を伴うコンサルティングを通じた積立による長期資産運用への気づきや動機づけがまったく足りないと思います。

変額保険の場合、必要な死亡保障を同時に提案する仕組みであり、時間をかけて説明し啓蒙する販売員が正当に報われます。このことが、投資信託を活用した長期国際分散投資を若年層へ広げる「推進力」となると考えています。

投資信託は仕組みです。少額から取り組め、世界中で利用されている素晴らしいツールです。しかし、日本ではその本来の効能を享受するための「使い方」を教育する仕組みが不足しているのです。

私の母親が先日、スマートフォンアプリのＬＩＮＥの「使い方」を聞いてきましたので、教えました。スマートフォンのスペックの説明はしていません。多くの人は、「使い方」の情報を求めています。それで満たされる人も多いのです。

もちろん、より詳しく知りたい人は、スマートフォンのスペックなどにこだわればいいと思いますが、初心者の人には「使い方」を教えてあげるのが価値になります。

投資信託も、商品のスペックを全面に打ち出して販売している傾向がみられます。もっと、その「使い方」を伝えることで、多くのお客様に喜ばれると確信しています。

◆資産形成層に受け入れられる変額保険

当社の変額保険は、お陰様で売上件数が順調に伸びています。２０１５年４月は前年同期比で約４倍以上も伸びました。面談を通じて、丁寧に投資信託の「使い方」を説明することが、お客様に受け入れられている証だと思います。お客様も「使い方」の説明を求めているのです。

変額保険の契約者の約９割が40代以下の世代です。未成年が約１割、20代が約２割、30代が約３・５割、40代が約２・５割です。資産形成層のお客様に活用いただいています。

証券会社や銀行で資産運用のセミナーをしても、ほとんど60代、70代の方ばかりだと思います。今後、金融機関が若年層の顧客を重点的に開拓したいなら、弊社の変額保険の活用をお勧めします。十分に人手を割いて、丁寧に「使い方」を説明すれば、お客様にも喜んでいただけることは弊社の実績が証明しています。

◆認知のギャップが少なく売りやすい平準払い型変額保険

変額保険の平準払いは、銀行も販売しやすい商品です。一般のイメージだと、銀行はお金を貯めたり、増やす場所です。生命保険に加入したり、見直しするために行くと考える人はまだ少ないでしょう。これを認知のギャップといいます。銀行にとって、平準払い型の死亡保障をメインとした生命保険を販売するのは、銀行側のスキル構築の課題とともに、顧客からみた認知のギャップがいまだに大きいのではないかと考えます。

その点、変額保険は「お金を貯めて資産づくりをする話」からアプローチできるので、認知のギャップも少なく、提案しやすい商品です。

◆法人への提案も拡大中

法人への提案も伸びています。変額保険の法人への提案は、3年ほど前までは、あまりありませんでした。しかし、いまは月払い100万円単位の案件も、当時に比べてかなり増えています。NISAも始まり、社会的な背景の後押しもあると思いますし、そこにある潜在的な大きな顧客ニーズを実感しています。

法人への提案は単価も高くなりやすいです。また、職域への勉強会などにもつなげやすいので、ビジネスとして可能性を感じています。

◆販売員の育成について

投資信託の一時金での販売は、それなりにスキルも必要だと思います。下がった後のフォローも大変です。

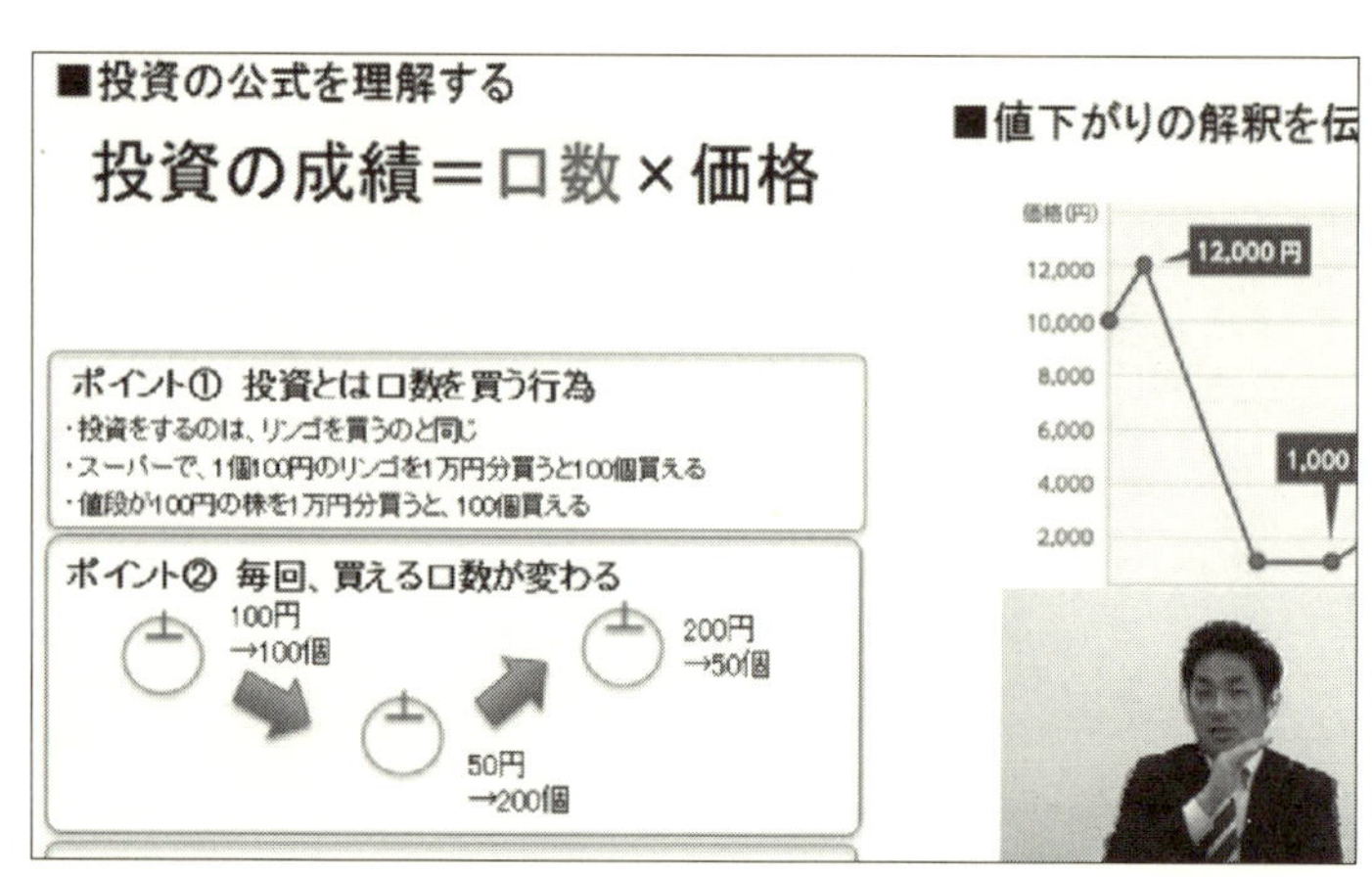

職員向けのｅラーニングの教材を作成

販売員向けの研修会の風景

その点、平準払いの変額保険はドルコスト平均法の効果が期待できる「積立投資」手法なので、一時金での投資提案との違いを学ぶことから研修を組み立てています。その結果、当社では、まったく投資信託を販売したことがない代理店の方でも、自信をもって変額保険を販売できるように育成しています。

第10章

積立投資が日本を救う

1 投資に対する間違った3つの思い込み

本書では、多くの人が投資に関してもっている3つの間違った思い込みを解説しました。いままでの投資の常識は、積立投資の非常識です。

1点目は「下がったら損をする」という思い込みです。正しくは、積立投資の場合、「下がったら買える『口数』が増える」です。

2点目は「上がったら儲かる」という思い込みです。正しくは、積立投資の場合、「上がったら買える『口数』が減る」です。ただ、積立投資の場合、最後の「価格」は非常に重要です。中長期的に値上がりすることは非常に重要です。

3点目は「始めるタイミングが重要」という思い込みです。積立投資は始めるタイミングは重要ではありません。早くスタートして、時間を味方につけたほうがいいです。

日本では投資の間違った思い込みをもっている人が圧倒的に多数を占めています。お客様に積立投資の特徴をしっかり伝え、間違った世界から正しい世界に導きましょう。

それが、お客様のためになり、あなたの信頼を高めることになります。

投資に対する間違った3つの思い込み

多くの人がもっている思い込み	積立投資の正しい知識
下がったら損をする	下がったら買える「口数」が増える
上がったら儲かる	上がったら買える「口数」が減る ※最後の価格は、買い込んだ口数全体にかかるので長期的に上がるものに投資をすることが重要
始めるタイミングが重要	始めるタイミングは重要ではない（早く始めたほうが口数を買える分有利）

2 プロダクトからプロセスへ

どの商品でもいえることですが、その商品に詳しい人は、機能やスペックなど商品の情報を好みます。スマートフォンに詳しい人は、CPUの性能や、液晶画面の解像度などをチェック・比較したりするでしょう。

しかし、その商品に詳しくない人にとって、商品の情報ばかり伝えられても、価値がよくわからないのではないでしょうか。スマートフォンに詳しくない人にとって、スペックより、画面をなぞるだけでスクロールする、マナーモードにする方法など、「利用方法」のほうがずっと喜ばれます。

金融商品も同じです。投資に慣れている人には、商品の細かい特徴を説明するのは喜ばれるでしょう。

しかし、投資に慣れていない人には、商品の使い方

初心者には商品情報の前に使い方の話

運転をしたことがない人には、
車のスペック情報より、運転の仕方のほうが重要

（投資の手法）について、説明するのが重要です。

投資初心者には、個別商品（プロダクト）の情報より先に、使い方（プロセス）の情報を伝えましょう。積立投資は、商品ではなく、投資手法の話です。つまり、お金の「使い方」（プロセス）の話です。

これまで、投資信託の営業にかかわる多くの金融機関は「一括投資」の分野ばかり発信してきました。そのなかでなんとか投資家の関心をひこうとして「高分配金」や「リスク限定型」等を謳い商品での興味喚起と差別化を図ろうとしています。結果、商品情報は飽和状態になっています。投資をこれから始める人にとって、わけがわからない状態です。それは、「プロダクトアプローチ」です。

その方法ははたして投資家の裾野を広げているでしょうか。商品に関する情報だけでなく、「投資手法」に関する情報も発信したほうが、より多くの投資家の興味や理解が高まるのではないでしょうか。

「投資方法」に関する情報発信とは、「プロセス・アプローチ」で

す。それは商品そのものの魅力を訴求するというより、「どう使うか・どう始めるか」というユーザー目線に立った情報発信です。

金融商品に関する情報は溢れています。何を選んでいいかわからない状態です。投資初心者には、細かい商品情報より先に、積立投資などの投資手法や、お金の使い方を伝えることが価値になります。

積立投資を伝えるうえで最も重要なこと

◆エキスパートがもつべき考え方

アメリカでは、エキスパートに求められる価値観として、弱者を「救済する」という考えが浸透しています。相談に来る弱者や、将来困るであろう弱者を救済するという考え方です。

エキスパートとクライアントは平等な関係ではなく、上下関係があります。偉そうな態度をとるという意味ではなく、専門家として、その知識・経験に照らし合わせて、目の前の困っている人やこれから困る人に対し、指導・助言するというスタンスです。

たとえば、医者は医療のエキスパートです。病院に来る患者は、医者よりも医療の専門的な知

エキスパートは、上の立場から、弱者を指導し救済する

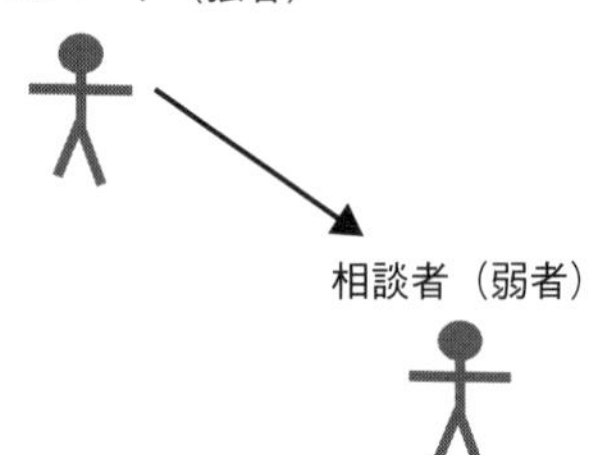

〈強者〉 ─ 〈弱者〉
医者 ─ 患者
弁護士 ─ 相談者
FP ─ 相談者

エキスパートは困っている人（将来困る人）を救済する

識も経験も乏しいです。医者は自分の有している知識や経験に照らし合わせて、患者を診察し、処方箋を出します。

この時、患者は医者に対等な立場からの意見交換をしたいでしょうか。病院に行くときは、ディスカッションがしたいのではなく、病気を治すための具体的な方法を知りたいはずです。

その時に、対等な立場でフランクに意見交換を求めてくる医者より、エキスパートとして、何をすべきかをきっちり指導してくれる医者のほうが頼りがいがあります。

弁護士とクライアントの関係も同様です。相談者は法律に詳しくないから、弁護士のところに相談に来ます。

エキスパートとクライアントには、ある程度の上下関係が重要なのです。それが行き過ぎた場合は単なる迷惑行為ですが、専門的な知識のギャップが大きい場合、上に立つ者は弱者を救済する気持ちが必要です。

アメリカではＦＰや金融機関と一般人の間に明確な上下関

将来、困る人を放置するか、一声かけるか

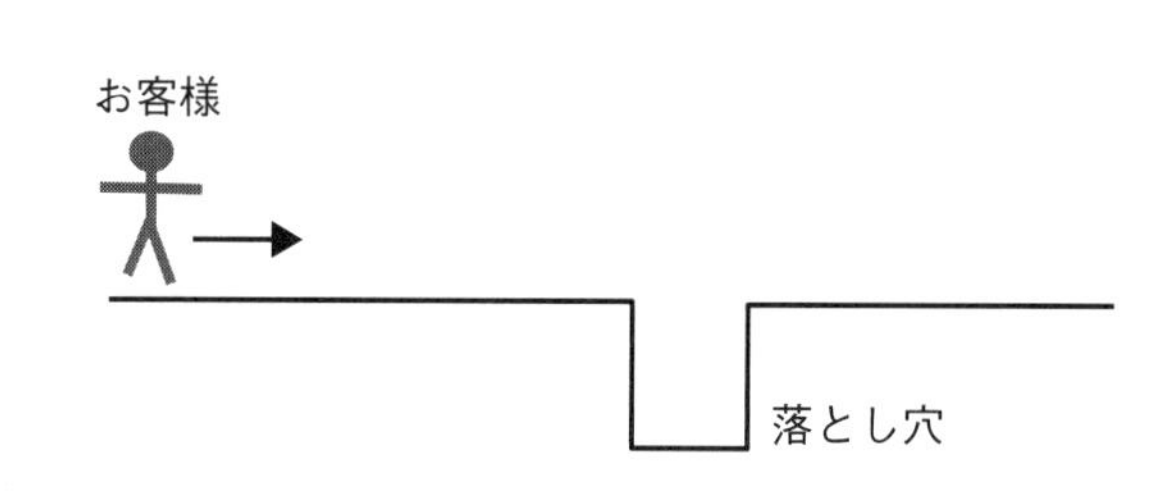

係が成り立っています。アメリカのFPや金融機関は強い立場から、「あなた自身の将来のために、しっかり資産づくりしなさい」とアドバイスしています。

それをしないと、クライアントは将来困るからです。アメリカのFPは、お金のエキスパートとして、クライアントが将来困るリスクを消すために指導しているのです。

◆基本的に人は老後の備えを怠る

多くの人は将来の備えをしません。短期的悲観・長期的楽観、先憂後楽といわれるように、「目先は厳しく、将来はなんとかなる」という思考になっています。ライフプランを考えることは面倒くさく、多くの人は長期的な視点に立って行動しないのです。

だからこそ、あなたが「絶対に、自分年金をつくったほうがいいですよ」と強くメッセージを発して、救済に導く必要があります。

ここで救済されないと、その人は、「老後の資産不足」という落とし穴にはまってしまいます。おそらく、多くの日本人がそのリスクを抱えています。しかも気づいていないのです。

あなたは金融のエキスパートとして、将来困る人を放置するのですか？　この問いに、ＮＯと答え、積極的に救済を繰り返す人が、これからの時代、選ばれるアドバイザーになります。

◆積立投資はメッセージビジネス

エキスパートに必要なのはメッセージです。いまの時代、エキスパートに知識やスキルはあって当たり前です。

ひと昔前、ネットがない頃ならば知識・スキルさえあれば、専門家として支持を得られました。多少態度が悪くても、あの人に聞けばわかると相談がきました。いまは違います。ネットも普及し簡単に検索できるようになりました。単純に知識・スキルがあるだけでは選ばれなくなりました。

これからのエキスパートは、まず、自分の考え方をしっかりと発信し、それに共感していただける方を増やしていくのが重要です。「自分の信じることを信じる人を増やす」これができるかどうかが、稼げるエキスパートと、稼げないエキスパートを分けます。

10人にあなたのメッセージを発信したら、全員が賛同することはないでしょう。そのうちの2人か3人かもしれません。そうやってあなたの信じることを信じる人＝信者が増えたとき、お客様の紹介が続々と増えるのです。あなたの信者は、あなたの発したメッセージを、大切な友達や周りの人に伝えます。

メッセージがない人のサービスは、他社との比較や価格競争に巻き込まれます。そういうエキスパートに未来はありません。

積立投資は、価格を下げれば相談者の行列ができるビジネスではありません。あなた自身が、自分のメッセージを強く出し、それに共感してくれる人を積み上げていくメッセージビジネスなのです。

お客様を救うために何を伝えるか

お客様を救うためにあなたはどのようなアドバイスをしますか？　まず、始めることが重要と考え、「積立投資は少額ずつできますよ」と伝えるかもしれません。たしかに、それは1つの方法です。

ただ、1つ知っておいてもらいたいことがあります。それは、積立投資で資産をつくるにはそれなりに努力が必要ということです。

アメリカの大手証券会社で、ファイナンシャルアドバイザーの満足度評価で上位に位置するチャールズシュワブのアドバイザーがもつリタイアメントのガイドラインを紹介します。彼らは積立投資をスタートする年代ごとに次の金額を目安にしています。

・20代：年収の10～15％
・30代：年収の15～25％
・40代前半：年収の25～35％
・40代中後半：年収の25～35％＋退職後数年間パートタイム

たとえば、年収600万円の40代前半の人がいます。年収の25％は150万円です。1カ月当り12・5万円を蓄えるように、エキスパートとして〝指導〟します。

これは決して簡単な数値ではありません。しかし、建設的な危機感をもって、積み立てていくのです。

日本とアメリカでは社会保障制度に違いがあります。日本で、この比率で蓄えようと思うと、かなり厳しくなります。公的年金もあるので、そこまでは必要ないでしょう。それでも、この数値マイナス10％程度は必要と思います。

老後の資金をつくるのは、決して簡単ではないのです。ある種の覚悟が必要なことです。

毎月5000円の積立投資をしても、無駄とはいいませんが、老後の資産づくりとしては不十分でしょう。

エキスパートとして、顧客を救済するという考えをもったとき、「5000円からできますよ」から入るのではなく、「年収の5％は絶対に積んでおいたほうがよい。そうしないと将来困ることになる」というアドバイスからすべきでしょう。

もちろん、最終的には各家庭の事情で、月に5000円しかできないという方もいます。まずはスタートするという意味で、それでもいいと思います。ただ、そこにいくまでに、しっかりとエキスパートとして、それなりの金額を積み立てる必要があることは、伝えてあげましょう。それがお客様を救うことにつながります。

積立投資を伝えるマーケティング

積立投資を効率よく伝えるには、小さな勉強会がお勧めです。何十人も集めるセミナーというものでなくても、少人数、2、3人でもかまいません。成約率は人数が少なければ少ないほど上がります。

勉強会に参加する人は、少なくとも意識をもっている人です。そういう人に対し、メッセージを伝え、説明するのが効率的です。

アメリカで、NPOが資金調達（ファンドレイジング）する際も、少人数のパーティーや勉強会を行います。そこでお互いに親密な関係になり、講師の考えを深く理解した人から資金を集めていきます。勉強会は真剣に話を聞きたい人には有効です。職域で勉強会をするときも、無理に大人数に参加してもらうのではなく、興味がある人だけ来てもらいましょう。

ニーズ喚起はツールを活用しましょう。積立投資は商品ではなく、考え方です。つまり教育です。教育はツールとの相性がよいです。

名刺交換時に手渡せるカードや、ワンペーパーの教育ツール、小冊子、ステップメール、メールアドレスを登録してもらうための無料オファー、動画などの各種ツールを用意しましょう。ツールを活用してニーズ喚起を行い、興味が出た人に勉強会に来てもらう流れが、最も効率よく営業できます。

変額保険の場合、勉強会の集客に広告宣伝費を投じることもできます。1人当り5000円程度の広告宣伝費で参加者を集められたら成功です。10人参加して、そのうち3、4人を個別面談につなげれば、費用は十分に回収できます。スキルが高い人は1万円かけてもいいでしょう。

私は積立投資を体感する学習ゲーム「じぶん年金ゲーム」を開発しました。参加者がカードを引きながら、積立投資を疑似体験していくゲームです。

ゲームは、勉強会と組み合わせるとさらに効果が高まります。ゲームのいい点は、「感情を伴う経験」ができる点です。実際に、下落した時に「量」が多く買えて「嬉しい」経験、下落後に元の価格に戻っただけで利益が出て「嬉しい」経験、量が溜まってくる終盤に、投資の成績の変動幅が大きくなり、少し「ドキドキ」する経験……このような経験を通じて積立投資のメリットを体感できます。

人は経験をすると、記憶が長続きします。一度、体で覚えたことはなかなか忘れないのです。一方、勉強しただけでは、数日で忘れてしまうこともよくあります。

せっかく、お客様に積立投資の特徴を覚えてもらっても、その後、すぐに忘れられてしまったら、紹介が得られないどころか、相場が下がった時に、心配になって解約依頼やクレームになることもあります。

一方、ゲームによって記憶に刻まれている人には、相場下落時に、「いまはチャンス」と思い出してもらえますし、紹介も得られやすくなります。

このゲームは、私のサイト（http://jbnk.info）で紹介しています。一度試してみてください。

まだ積立投資に関して、本格的にビジネス展開している企業は少ないので、保険代理店や、ＦＰ事務所、金融商品仲介業にとっても大チャンスです。

6 日本人の機会損失をこれ以上増やさないために

◆アメリカ人は投資信託を約1500兆円増やした

次頁の図は日米の投資信託の残高の推移です。1990年と2014年を比較しています。為替は両時点を比較するため、1ドル＝100円で換算しています。

1990年と2014年を比較してみましょう。日本は46兆円に対し、アメリカは106兆円でした。日本はアメリカの4割程度しか人口がいないと考えると、1990年当時は、日本もアメリカも投資信託の普及度合いはあまり変わらなかったといえます。

24年後の2014年、どうなったかをみると、日本の94兆円に対し、アメリカは1585兆円（!）です。なんとアメリカは24年間で、1500兆円近くも投資信託の残高が増えました。

日本人の個人金融資産が約1600兆円なので、それに匹敵する金額をアメリカ人は投資信託だけで増やしたのです。

この差は何なのか。簡単にいえば、適切な積立投資をしているかどうかの違いです。

アメリカでは、401kやIRAを通じて、投資信託の積立投資が広がりました。ニューヨー

日米の投信残高の推移（1ドル＝100円換算）

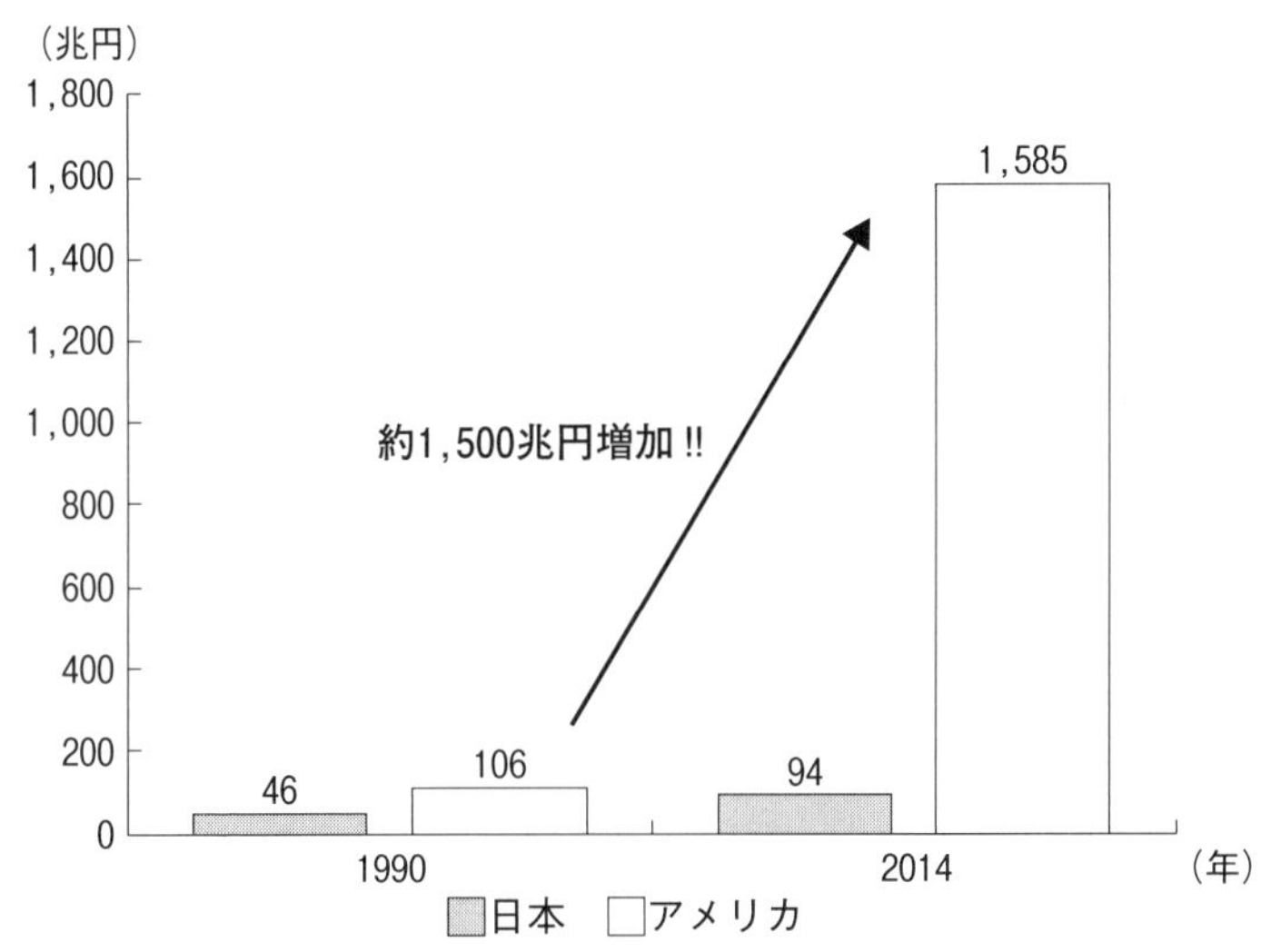

（出所）　日米の投信協会より筆者作成

ク株式市場の相場上昇も手伝って
２０１４年の時点で、４０１k・IRAにおける投資信託の残高は約７２０兆円に拡大しました。全体１５８５兆円のうち、約半分は４０１k・IRAを通じた積立投資で積み上がっています。
それ以外に、各家庭で投資信託を購入したり、積立投資をしている人がいます。アメリカの投信残高の成長を支えたのは、間違いなく積立投資の普及なのです。

◆1世帯当り2780万円増加

２０１４年のアメリカの投資信託の保有世帯は約５３２０万世帯です。

1990年以降、24年間の投資信託の増加分は1479兆円です。投資信託を保有している世帯で単純平均すると、1世帯当り約2780万円増やしたことになります。

これだけ多くの資産が増えれば、個人の家庭に与える影響はもちろん、国全体にも大きな影響を与えるでしょう。

積立投資は個人の人生だけでなく、社会全体にも大きな影響をもたらしているのです。

◆巨額の機会損失を被っている

日本人は巨額の機会損失を被っています。もしも、1990年の頃から日本人にも適切な投資教育が行き渡り、世界株式への積立投資がアメリカ同様に広まっていたらと想像してみてください。

人口はアメリカの約4割、1990年当時の残高も約4割という点を考えると、現在のアメリカの残高1585兆円の4割の634兆円になっていてもおかしくありません。

それだけの個人金融資産が増えれば、景気や税収などにも好影響が及ぶでしょう。一人ひとりの将来に対する不安なども、いまとはかなり異なっているのではないでしょうか。

現在の投資信託残高が約100兆円なので、534兆円の機会損失を被っているといえるのです。

資産運用について、「あの時こうしていれば……」というのはあまり意味がないと思われるかもしれません。しかし、これから25年後のことを考えてみましょう。

もし、今日から日本人に、本書で解説したような、世界株式への積立投資がアメリカと同じような速度で普及すれば、25年後の日本で数百兆円の個人金融資産が増えている可能性もあるわけです。

積立投資は一人ひとりの金額は小さくても、裾野が広がることで社会全体にも大きなインパクトを与えるのです。

そのためには積立投資を伝える存在が必要です。本書の読者の方、一人ひとりの力が必要です。あなたが、積立投資の重要性を発信することで、お客様の人生だけでなく、日本の社会全体にも好影響をもたらすのです。

◆銀行も証券も保険も関係ない

ＮＩＳＡの開始、確定拠出年金の加入者拡大と国も動いています。社会全体で、「自分年金づくり」の機運が高まっています。

国民の「老後の資産不足」というリスクを撲滅するにあたって、銀行も証券も保険も関係ありません。金融業界が一丸となって、埋めるべき大きな穴が目の前に広がっています。

投資信託、ＮＩＳＡ、確定拠出年金、変額保険。それぞれのツールを使い、お客様の立場で、いち早くメッセージを発信し、行動した人が成功します。

積立投資の普及を通じて、日本人の「老後の資産不足」というリスクを消して、笑顔が溢れる社会をつくるのはあなただと信じています。

付録

積立投資営業の応酬話法（ＦＡＱ）

1 個人営業における応酬話法

質問　個別の企業に投資をしてもよいですか。

回答　個別銘柄に積立投資をするのはお勧めしません。理由は「倒産リスク」があるからです。その時点では業績が順調でも、数十年後にその会社が同じように収益をあげ続けているかは不明です。

投資信託なら、なかの銘柄を入れ替えることもできますし、複数の銘柄に投資できリスク管理できます。また、商品によっては、市場全体を買うこともできます。

もちろん、自分の好きな企業の株式に積立投資をして応援するなどの意味で、積立投資を行うのはいいと思います。ただ、その場合は倒産リスクなどがあることに気をつけてください。

「老後の資産づくり」という目的なら、幅広い銘柄に分散投資できる投資信託を活用するのが一般的です。

質問　新興国株式に投資するのはこわいのですが……。

［回答］　新興国株式の市場は、日本の株式市場などに比べて、規模が小さく、値動きも大きくなりますので、こわく感じるかもしれません。最終的にはご自身で投資したい対象に積立投資を始めてください。

ただ、今後の世界経済の成長を考えたとき、人口が増え、所得が増え、最も成長期待がもてるのは新興国です。

１９９０年の頃はアメリカと日本などの先進国で、世界経済の８割程度を生み出していました。しかし２０２０年には、世界経済の５割を新興国が生み出すくらい成長しているんです。

これから成長するところに投資するのが、投資の原則です。新興国株式への投資は理にかなっています。しかも、積立投資は長期間にわたり、時間をずらして少しずつ投資していくことにより、リスクの「時間分散」もしっかりされています。

たしかに、最近のギリシャ情勢や中国経済の減速をみると新興国株式はこわく思えるかもしれません。ただ、積立投資なので、値下がり時は量を買い込むチャンスになります。口数を積み立てていって、成績がよくなった時に、積み上がった部分を債券などの安定的な資産に切り替えることも可能です。

質問　**金に積立投資するのはどうですか。**

[回答]　金はたしかに、有事の際には値段が上がりやすい資産です。一部保有しておくのはいいと思います。

しかし、金は株式と異なり、それ自体が収益や価値を生み出す資産ではありません。ドルコスト平均法の鉄則は、中長期的に成長する資産に積み立てることです。世界株式を推奨する理由は、今後も人口増加に伴い、世界経済の成長が期待できるからです。

金はあくまで、リスク分散として数パーセントから1割程度で十分でしょう。海外の大学などの運用機関をみても、金の保有比率は数パーセント程度に抑えているところが多いようです。

質問　**安定的な運用に切り替えるのはいつがいいのでしょうか。**

[回答]　リタイアメントが近づいてきた段階で安定的な運用に見直してはいかがでしょうか。積立投資を始めた初期の頃は、「口数」が溜まっていないので、あまり見直しをする必要はありません。

アメリカでは、老後の資産づくりに確定拠出年金やＩＲＡと呼ばれる自分年金の制度が活用されています。約7割の世帯がそれらを通じて、自分年金づくりをしています。その平均値をみると、20代から30代の若い間はほとんど株式で運用し、60歳で株式の保有比率を50％に下げています（第7章参照）。

安定的な運用に切り替えるにしても、長生きがリスクになるなか、医療費を確保するためにも、老後もある程度株式や株式投信を保有し続けておくのが重要です。

質問　いつ始めたらいいですか（始めるタイミングがわからない）。

回答　多くの人は「投資は始めるタイミングが重要」と思い込んでいますが、積立投資の成果は、いつ始めても大きな違いはありません。

積立投資の場合、毎月投資をしていくので、最初の1カ月目の価格が特に重要ではありません。10年間の積立投資をするなら、120回買い付けるタイミングがあります。スタートのタイミングは、最初の1回にすぎないのです。

むしろ、積立投資は早くスタートすることをお勧めします。理由は早く始めたほうがたくさんの口数を買い込めるからです。積立投資は、なるべく早く始めて、時間を味方につけて資産を育てるのが、重要です（第6章参照）。

質問　お金にゆとりがないのですが、積立投資はできますか。

[回答]　いまの時代、お金にゆとりがある人のほうが少ないでしょう。給料がまだ初任給からたいして上がっていない若い方やお子さんの教育にお金のかかる方なら、なおさらです。でも、ご安心ください。積立投資は、毎月少額からできます。少額からスタートして、途中で増やすことも可能です。その時のライフプランにあわせて調整していきましょう。

毎月、自動引落しで積み立てていくので、少額ずつでも長年継続すれば無理なく大きな資産をつくることができます。

質問　**運用は初めてでこわいんですけど……。**

[回答]　よくわからないとこわいですよね。だからこそ、積立投資をお勧めします。投資信託を使って、投資対象を分散します。さらに、投資する時間を分散することで、二重にリスク管理するのが積立投資です。

積立投資は、アメリカでは約7割の世帯が行っていて、一般の人が老後の資産づくりとして広く普及しています。

運用がこわいからといって、何もしないのもリスクになります。たとえば、将来為替が大きく円安に振れて、輸入物価が高くなり、インフレになるリスクがあります。もし金融資産が預貯金だけの場合、その価値は実質的に減ってしまいます。

また、老後の資金不足になるリスクがあります。現役時代の収入がなかなか増えない一方で、増税や社会保険料の増加など、支出は増える傾向にあります。資産運用をする余裕はあまりないかもしれませんが、少しずつでも毎月の収入から蓄え、増やしておかないと、リタイヤ後苦しくなる可能性があります。

医療の進歩とともに長生きリスクが高まっています。60歳まで生きた人の平均余命は、男性で23・14歳、女性で28・47歳です。せっかく長生きできても、お金がない老後は辛いものです。老後を楽しむためにも、積立投資をしておいたほうがいいですよ。

質問 **忙しくて運用を考えるためにあまり時間をとれないんですけど……。**

［回答］積立投資は、忙しい方のための資産づくりの方法です。一度、「仕組み」をつくれば、後は自動引落しです。世界中の働いている人たちが取り組んでいる理由は、一度「仕組み化」すれば、後は放ったらかしでいいからです。

2 法人に対する提案方法

◆法人に提案する方法① 退職金準備

「社長、いま、個人は増税機運が高まっていますが、法人税は減税の流れになっています。役員報酬を増やしても、個人の所得税負担が増すばかりです。法人で積み立てて、退職金で受け取る方法を検討してはいかがでしょうか。その場合は、役員の退職金準備は、預金に寝かせるよりも積立投資でコツコツ増やすことも考えてみてください。いまから積立投資をしておけば、しっかり退職金準備ができます」

◆法人に提案する方法② 修繕積立金

「社長、病院（社屋、工場、施設など）の修繕積立金を当行の預金に積んでいただいていますが、一部を投資信託を活用した積立投資としてはいかがでしょうか。

積立投資なら、たとえ価格が下がっても回復力がありますし、利益がある程度出たら、現金化することも可能です。修繕積立金を預金ではなく積立投資で貯めている会社も多いですよ」

◆職員向けの勉強会を提案する方法①　会社の成長

「社長（部長）、ちょっと考えてみてください。ここにA社とB社という2つの会社があります。A社の社員は、自分たちの将来について健全な危機意識をもち、計画的な資産づくりを行っています。

B社の社員は、将来について何も考えず、その日暮らしを楽しむように散財しています。A社とB社のどちらが、強い企業に成長するでしょうか。

答えはA社でしょう。自分年金づくりの勉強会をすることで、将来に目を向けて、計画的に資産づくりをする意識が芽生えます。強制はできないでしょうが希望者だけで、一度試しに開催してみませんか」

◆職員向けの勉強会を提案する方法②　社員を守る

「社長、この度は積立投資を契約いただき、ありがとうございました。社長自身、将来の準備が大切と理解して、積立投資をスタートされたわけですが、従業員の人たちは『老後の資産づくり』の準備をされているでしょうか。

従業員の人たちのためにも、人材養成の一環として『自分年金づくり』を啓発されてはいかがでしょうか。

社長から、『自分の将来をじっくり考えてもらいたい』という趣旨を伝えていただければ、社員の人にも、その想いが伝わり、社長への信頼につながるはずです」

コラム

大口の提案が可能

積立投資と聞くと、毎月数万円の投資金額をイメージする人が多いと思います。しかし、提案する相手によっては数百万円～数千万円の投資の提案も可能です。

(1) 富裕層への提案

興味深い調査結果があるので、紹介します。アメリカのプロバスケットボール（NBA）の選手の実に6割が引退後5年以内に自己破産をしているというのです。NBAの選手は報酬が高い選手も多く、ラグジュアリーな高級車などを乗り回し、現役時代はお金を湯水のように使う選手が多いのは想像にかたくありません。しかし、現役を退いた時、悲劇が起こります。それまでのお金を使う浪費癖から抜け出せず、自己破産への道を歩んでしまうのです。

こんなエピソードがあります。かの松下幸之助氏は年収が10億円あっても、生活に困ったというのです。

「私の場合、まあ年に10億円程の個人収入があります。ところがどれだけ税金を取られるかといいますと、80％近くが税金で引かれるのです。（中略）残りの2億円をどう使うかというと、もちろん個人の生活に使うわけです。個人の生活に会社の金を使うわけにはいきませんからね。さらに具体的な使いみちをいえば、私もまず食べていかなければならん、ということで食費がかかります。食のほかに、衣にも住にも金が要ります。

しかし何よりも大きいのは交際費です。私ぐらいの年になり、つきあいも広いと、税金を払った残りの2億円では、まかないきれない程金がかかるのです。たとえば今はもう定年退職になっている方が多いですが、私と同じころから働いている人が1000人ほどいるわけです。それらの方々に、家族もいれば、孫もいます。そして孫が結婚する時代になりました。そうすると、そのお祝い、その他冠婚葬祭が多い時は月に20や30はあります。私の立場では1万円というわけにはいきませんから、かりに10万円ずつ包んだとしても2、300万円は必要なことになります。年にすると、もうそれだけで、3000万円から、4000万円かかるわけです。

その他にもいろいろな交際があります。年に2回、夏と暮れには、それぞれ中元と歳暮というものが必要です。歳暮をもらって、もらいっきりというわけにはいかないから、やはりお返しをしなければなりません。その費用は全部個人で負担しなければいけない。そうこうするうちに、10億円の個人収入があっても、みんな消えてしまう。生活費が足りなくさえなりかねません」（出典：松下幸之助『君に志はあるか――松下政経塾塾長問答集』ＰＨＰ文庫）

いかがでしょう。10億円稼いでいても「生活費が足りなくさえなりかねません」とは、驚きませんか。もちろん、松下幸之助氏が本当に生活に困ったわけではないでしょうが、参考になる点はあります。

交際費は収入に応じてかさむ傾向があります。また、収入が高い人ほど、老後の生活水準も高くなるので、当然準備したい金額も多くなるでしょう。ですから、積立投資は富裕層にも提案する価値がありますし、喜ばれるのです。

お金を稼ぐ力と、残す力は別ものです。収入がいくら多くても、それを残す仕組みをもたないと、身を滅ぼしかねません。

すでに事業で成功したり、代々の資産を守っている人ほど、そういう話に敏感です。お金を残すことに敏感だからです。そういう方ほど、積立投資の「天引き」の仕組みや積立投資の特徴、さらに積立投資の道徳的側面（継続は力なり、備えあれば憂いなし等）に共感を得られやすいです。また、これまで一括投資の勧誘は嫌というほど受けたことはあっても、積立投資の提案をほとんど受けていないので、新鮮な気持ちで興味をもってもらいやすいのです。

富裕層への積立投資の提案で、忘れられない経験があります。ある会計事務所に主催者になってもらい、参加費2万円！の積立投資のセミナーを開催しました。会計事務所のお客様に参加を呼びかけました。

単なる積立投資の特徴を解説するセミナーにはたしてこんな高額な参加費を払う人がいるだろうか、と、私自身半信半疑でした。だれも参加しなかったら、それは仕方ないという思い、実験のようなつもりで企画しました。

ふたを開けてみると、参加者は8名もいました。その数にも驚いたのですが、主催者である会計事務所の所長の挨拶にさらに腰を抜かしました。

「本日は当事務所のセミナーにご参加いただき、誠にありがとうございます。ご参加いただいている皆様のお顔を拝見しますと、ここにいらっしゃる方々の預金だけで、●●銀行、▲▲銀行の預金残高の何割を占めるんでしょうか。（笑）……」

つまり、そのセミナーには超富裕層の方が何名も参加されていたのです。積立投資は富裕層にも十分提案可能と紹介しましたが、富裕層の方ほどお金について情報を求めている点もあるのでしょう。参加費を高くしたことで、かえって富裕層の方が興味を示した可能性もあります。もちろん、主催者である会計事務所の所長先生に対する信頼が大きかったことはいうまでもありませんが。

このセミナー参加者の方の口から出てくる金額は、それこそ桁違いでしたし、その流れで一括投資の相談もいただきました。いろいろな意味で思い出に残るセミナーになりました。

さらに、第1章でも述べたように、積立投資は紹介営業との相性が非常によいのです。富裕層の方が積立投資を気に入ってくれた時の威力は強烈です。お友達にも富裕層の属性の方が多く、また、会社経営者であれば、その後、法人取引や従業員への波及もあります。積立投資は富裕層に非常に気に入ってもらいやすい投資手法なのです。積立投資は毎月数万円という話だけではないのです。

(2) 法人での提案が可能

積立投資というと、個人の資産づくりというイメージが強いと思います。しかし、法人にも提案できます。法人で積立投資をして、社長の退職金をつくってもいいでしょう。個人への課税は強化されますが、法人への課税は下がる傾向にあるので、社長の退職金として貯めていき、将来退職金として受け取ったほうが社長にとってのメリットが大きくなります。

社長の退職金に限らず、法人のお金を預金に寝かせておくだけではなく、一部は少しずつでも積立投資しておき、将来の設備投資などまとまった出費のための資金をつくっておくのも1つの方法です。会社の内部留保手段としても積立投資の提案は有効です。

特に、医療法人や社会福祉法人、旅館などの施設系の法人は相性が良好です。なぜなら、施設系の法人は長期修繕積立金が必要なので、毎月一定のお金を積み立てています。その資金は中長期での安全な運用を前提にしているので、積立投資との相性が非常によいのです。

ある程度の規模があり、経営が順調であれば毎月数百万円単位の積立投資は十分可能です。私は全国の施設系の法人を対象に「財務戦略セミナー」というタイトルで、積立投資のセミナーを企画したことがあります。その際の「相談案件」の平均は毎月約200万円というものでした。

それだけではありません。積立投資で月200万円の積立てができる法人は、一括で投資できる資力をもっていることがほとんどです。私はそのセミナーを企画する前に、約700の老人系施設にアンケートをとったところ、平均3億円の現預金を保有していました。

そこで、「財務戦略セミナー」のタイトルで積立投資の話をすると同時に、いま手元にある資金は一括投資をする提案をしたところ、一括投資の案件の平均金額は約1億円でした。

つまり、積立投資の切り口をうまく活用することで、一括投資獲得の可能性も高まるということです。

積立投資は法人に提案するとチャンスが広がります。金額も大きくなりますし、法人には職員もいます。法人で運用をしてもらった後は、職員にも勉強会を開催し、職員へのアプローチも可能です。また、経営者同士のつながりで紹介の輪が広がりやすいこともいうまでもありません。

(3) 未稼働法人の再稼働に

法人への提案という点で、もう1つ別の切り口もあります。社長や法人の担当者が変わって疎遠になったり、資金を引き揚げられてしまい、口座はあっても未稼働という法人があると思います。その再稼働にも積立投資はお勧めです。

未稼働のパターンは大きく2つに分けられます。1つ目は、自社での取引はしていないが、他の金融機関では投資をしているパターン、そして、2つ目は自社でも他社でも投資をしていないパターンです。積立投資は特に、後半の2つ目のパターンには効果的です。

自社でも他社でも投資をしていないというのは、基本的にストックのお金を動かしたくない法人と推測できます。

法人の活動は、毎月の人件費や収益などフローのお金の流れが変わることには慣れています。

一方、せっかく溜め込んだお金を動かすのには抵抗感があります。ほぼゼロ金利の預金に置いておくのはもったいないと思いながらも、一括での投資はリスクが大きいので避けるという法人は少なくありません。

その場合、まずは月々の資金繰りのなかで収まる無理のない金額での積立投資を提案しましょう。そして、半年ほど経過した時にフォローという名目で追加提案をします。マーケットが下がっていたら、「一括投資」の提案のチャンスです。最初の時になぜ一括投資を勧めなかったのかという理由、そしていま、一括投資を勧める理由を伝えましょう。

これまで投資に慎重だった法人の場合、最初に一括投資を提案するよりも、積立投資をきっかけに当社との取引が再稼働して、かつ当初よりもマーケットが値下がりしていることが追加投資のチャンスと理解してもらえれば、心理的には一括投資をしやすくなっているはずです。

逆に値上がりしている場合でも、積立投資で「利益」が出ているのですから、気分よく、「一括投資」の提案を聞いてもらえるのではないでしょうか。

このように、未稼働で一括投資になかなか踏み出せない法人には、「積立投資」というワンクッションを挟むのが効果的です。

経理部の担当者も複雑な仕組み債の提案は上司や社長にもっていきづらいかもしれませんが、堅実なイメージのある「積立て」の話だと検討してもらいやすくなります。

「急がば回れ」、積立投資は未稼働法人を再稼働させるのに非常に適した提案手法なのです。

一時金の一括投資への展開が可能

次頁の図は投資の手法を分類したものです。横軸に手元の「いまあるお金」（預貯金など）と、これから入る「未来のお金」（給料など）で区分します。縦軸に投資する回数で、一括投資と分割投資で分けます。

まず、ほとんどの金融機関の営業は、①一括投資に集中しています。いま、預金口座にあるまとまったお金を投資してもらうことを目指しています。しかし、これは非常に競争が激しい世界です。

この本で解説したのは、主に②積立投資です。積立投資はこれから入る給料などのお金を投資し

投資手法の分類

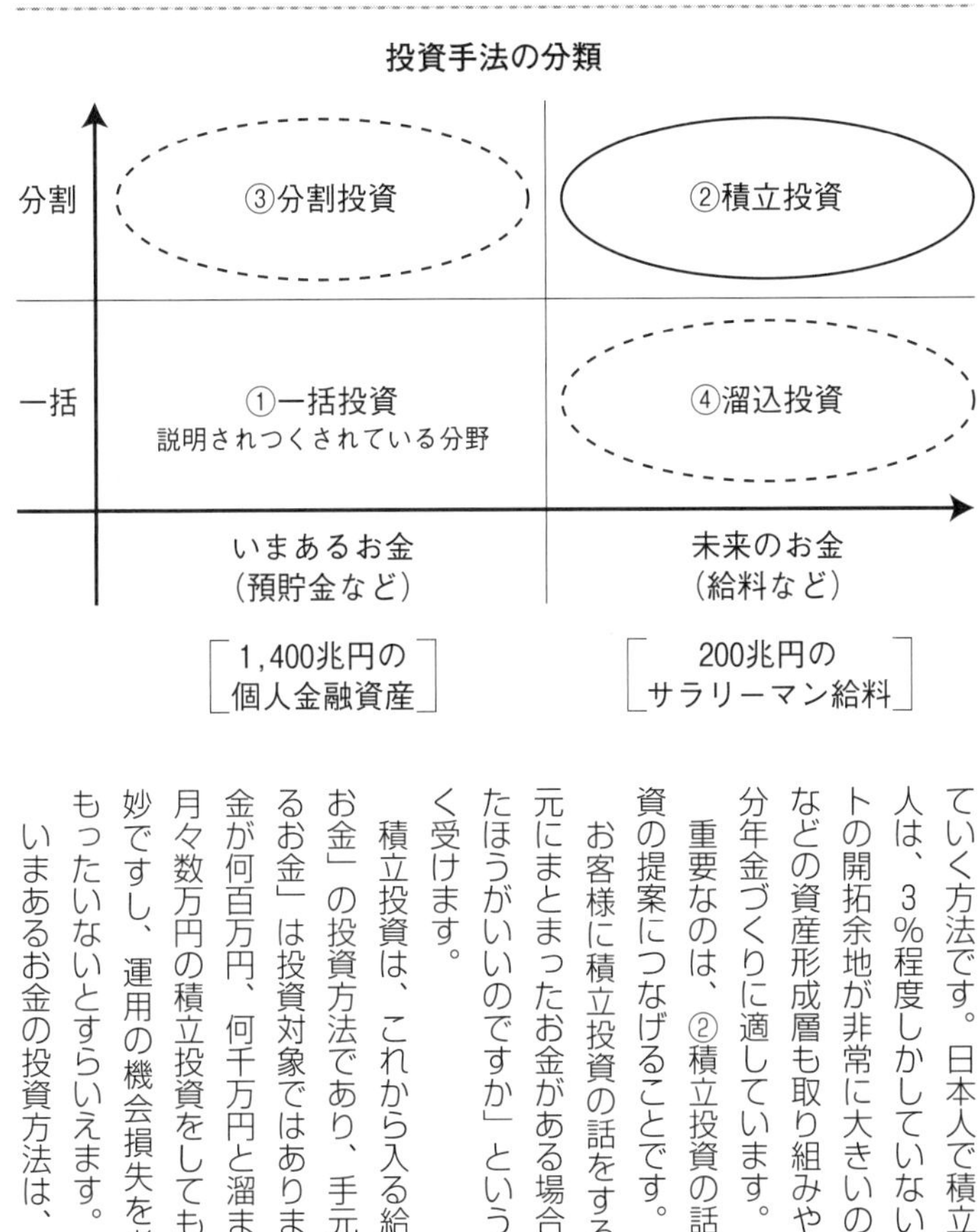

ていく方法です。日本人で積立投資をしている人は、3%程度しかしていないので、マーケットの開拓余地が非常に大きいのと、20代、30代などの資産形成層も取り組みやすい領域で、自分年金づくりに適しています。

重要なのは、②積立投資の話をし、③分割投資の提案につなげることです。

お客様に積立投資の話をすると、「いま、手元にまとまったお金がある場合も積立投資をしたほうがいいのですか」というような質問をよく受けます。

積立投資は、これから入る給料等の「未来のお金」の投資方法であり、手元にある「いまあるお金」は投資対象ではありません。すでにお金が何百万円、何千万円と溜まっているのに、月々数万円の積立投資をしても、効果は正直微妙ですし、運用の機会損失を考えるとむしろもったいないとすらいえます。

いまあるお金の投資方法は、グラフの番号でいう①一括投資か、③分割投資が適しています。ここではその「投資手法」の選択肢をお客様に提示することに大きな意味があります。商品ではなく、「投資手法」という点がポイントです。

③分割投資とは、いま手元にまとまってあるお金を複数回に分割して投資する方法です。たとえば、1億円の現金があるのならば1000万円×10回に分割して投資するイメージです。

両者の違いを一言でいえば、投資効率を重視するのならば①一括投資がいいでしょう。投資効率は多少落ちたとしても、目先の値下がり不安を解消して安心感を得たいのならば、③分割投資です。分割することで、積立投資のときと同じように、期間中の値下がりを「口数」を買い増す機会に変えることができます。投資開始当初の値下がり不安を緩和できます（第2章「値下がり安心」効果を参照）。

ただし、分割し終わった後に価格が下落してしまったら、その損失を免れません。結局のところ分割投資は気休めにすぎないのです。

ここで重要なのは、一括投資だけでなく、分割投資と比較するプロセスです。お客様自身が、投資手法を比較するというプロセスを挟むことで、自己の投資判断への納得感が高まるということです。

これまで金融業界は、投資する商品（プロダクト）に関する情報提供は積極的でした。次々と新商品を生み出し、「この新商品がいいですよ」という提案を重ねてきました。

どの商品でもいえることですが、何かのジャンルに詳しい人は、機能やスペックなど「商品情報」を好みます。スマートフォンや車を好きな人は、その特徴や商品情報で比較します。

しかし、その商品に詳しくない人にとって、商品の詳細な情報を事細やかに伝えられても苦痛ではないでしょうか。スマートフォンや車に一般的な興味しかない人にとって、「このディスプレイは……」とか「エンジンの最大出力は……」と説明されても、ちんぷんかんぷんです。

あまりそのジャンルに詳しくない人には、数値やメカニズムよりもそれらの「使い方情報」のほうがありがたいものです。話しかけるだけで検索してくれるとか、車庫入れを助けてくれるなど、使い方に関する情報が喜ばれるでしょう。

金融商品も同じです。投資慣れしている人には、商品の細かい特徴を説明すると喜ばれます。しかし、投資の初心者には、商品情報そのものよりも、商品の使い方（投資の手法）と、不安に感じているであろうリスクについて、説明してあげることが価値になります。投資に慣れている人と、そうでない人では価値を感じる部分が異なるのです。

積立投資は特定の商品ではなく、投資手法の話です。プロダクトではなく、プロセスです。お金の使い方であり、投資の方法なのです。そして、投資の初心者ほど「使い方」や「方法」のプロセスの話を好みます。ですから、営業の担当者が「投資手法」について、①から④の違いや特徴を話せるようにしておくことで、投資に慣れていない方との円滑なコミュニケーションが可能になるのです。積立投資を提案することで、一括のまとまった資金への提案につなげることも十分可能です。

収益率（%）	評価額	損益	累計口数
16.0	1,392,397	192,397	2,784,795
46.1	1,753,209	553,209	350,641,868
101.2	2,414,690	1,214,690	2,414,690
39.0	1,668,564	468,564	834,282
4.7	1,256,452	56,452	837,635
-26.5	881,695	▲ 318,305	881,695
33.4	1,600,582	400,582	800,291
25.8	1,509,518	309,518	838,621
26.4	1,516,922	316,922	892,307
17.7	1,412,357	212,357	941,571
23.4	1,480,272	280,272	986,848
32.2	1,586,722	386,722	1,057,815
31.5	1,578,468	378,468	1,127,477
40.4	1,684,293	484,293	1,203,066
130.9	2,770,899	1,570,899	1,108,360
133.7	2,804,782	1,604,782	1,068,488
133.3	2,799,105	1,599,105	1,017,857
128.3	2,740,099	1,540,099	953,078
117.1	2,605,336	1,405,336	868,445
102.9	2,434,290	1,234,290	778,973
92.0	2,304,247	1,104,247	708,999
83.4	2,201,238	1,001,238	652,219
76.4	2,117,198	917,198	604,914
56.4	1,876,636	676,636	1,251,091
77.5	2,130,531	930,531	1,217,446
99.0	2,387,431	1,187,431	1,193,715
118.2	2,618,277	1,418,277	1,163,679
130.9	2,770,899	1,570,899	1,108,360
133.3	2,799,105	1,599,105	1,017,857
117.1	2,605,336	1,405,336	868,445
92.0	2,304,247	1,104,247	708,999
76.4	2,117,198	917,198	604,914

【巻末資料】 各値動きグラフの成績表

効果	ページ	タイトル
第２章 「値下がり安心」効果	35	半値になってもⒶ
		１円まで下がるⒷ
第３章 「リバウンド」効果	75	下がって元に戻る
第５章 「値上がり」効果	127	10年で２倍に
	129	10年で1.5倍に
	131	上がって元値に戻る
	133	ジグザグ①
		ジグザグ②
		ジグザグ③
		ジグザグ④
		ジグザグ⑤
		ジグザグ⑥
		ジグザグ⑦
		ジグザグ⑧
第６章 「タイミングフリー」効果	141	第１問－①
		第１問－②
		第１問－③
		第１問－④
		第１問－⑤
		第１問－⑥
		第１問－⑦
		第１問－⑧
		第１問－⑨
	142	第２問－①
		第２問－②
		第２問－③
		第２問－④
		第２問－⑤
		第２問－⑥
		第２問－⑦
		第２問－⑧
		第２問－⑨

おわりに

積立投資は近江商人の心得として有名な、「売り手よし、買い手よし、そして世間よし」の〝三方よし〟のビジネスです。

売り手よし。積立投資は、若い世代に提案するのに、最適なサービスです。本書でも積立投資の顧客の約9割を40代以下で開拓している事例を紹介しました。積立投資は、気に入った方からのご紹介をいただきやすいのも魅力です。お客様と本当の意味で、一生のお付合いができるサービスです。

買い手よし。お客様は、老後を楽しんで生きるための「自分年金」をつくれます。お金が足りないと、せっかくの楽しい老後を満喫できません。積立投資は買い手の人生をより充実したものにしてくれます。

世間よし。積立投資が広がることで、社会全体の「年金不安」を撲滅できます。アメリカはこの24年間で約1500兆円の投資信託を増やしました。日本も同じように、国民全体に積立投資が広がれば、消費・景気・税収などにも好影響を与えます。積立投資の普及は、社会全体の活性化につながります。

私は自分が講演者として、多くの人の前で話すより、積立投資を伝えようとする人が増え、その人たちが講演者になってほしいと願っています。全国各地で積立投資の勉強会が、いまの何倍も、何十倍も増えるのが夢です。

その意味で、本書の執筆は非常に私にとって、意義深いものでした。約8年間に及ぶ積立投資の提案、研究、講演、執筆で得たものを整理し、積立投資を伝えるうえでのエッセンスをまとめました。それらを読者の方と共有できることは、貴重な機会だからです。

本書が、積立投資を伝える人のお役に立てたら、筆者冥利に尽きます。

今回の出版にあたり、金融財政事情研究会の谷川治生氏に、大変お世話になりました。細部にわたり助言をいただき、心よりお礼申し上げます。野村證券の辻宏樹様、アクサ生命保険の鳥越一様にはインタビューに応じていただきました。また、個別には紹介しきれませんが、本当に、数多くの方に支えていただきました。この場を借りてお礼申し上げます。

2015年11月

星野　泰平

[著者略歴]

（一社）じぶん年金協会 代表理事
積立投資研究家
星野　泰平（ほしの　やすひら）

1981年生まれ。証券会社で勤務時代に、積立投資の研究に没頭。独立後、積立投資のエキスパートとして、一般の講演活動や、銀行・証券会社・保険会社・信用金庫・労働金庫・運用会社など、金融機関に対して、積立投資の研修指導を行う。積立投資を疑似体験できる「じぶん年金ゲーム」を提供中。

日本の金融業界の有識者10名以上の支持を受け、日本人で初めて投資大国アメリカで出版（Self publishing）。イギリス、ドイツにも出版。世界の投資の常識を変えるために、全世界にメッセージを発信する。

（http://jbnk.info）

KINZAIバリュー叢書
ゼロからわかる 積立投資のススメ方

平成27年12月25日　第1刷発行

著　者　星　野　泰　平
発行者　小　田　　　徹
印刷所　三松堂印刷株式会社

〒160-8520　東京都新宿区南元町19
発　行　所　**一般社団法人 金融財政事情研究会**
編　集　部　TEL 03(3355)2251　FAX 03(3357)7416
販　　　売　**株式会社 き　ん　ざ　い**
販売受付　TEL 03(3358)2891　FAX 03(3358)0037
URL http://www.kinzai.jp/

ISBN978-4-322-12850-5